O poder da mãe que ora

O poder da mãe que ora

STORMIE OMARTIAN

Copyright © 2011 por Stormie Omartian

Publicado originalmente por Harvest House Publishers, Eugene, Oregon, EUA

Os textos foram selecionados e adaptados a partir das seguintes obras: Bíblia da mulher que ora, O poder da esposa que ora, O poder da fé em tempos difíceis, O poder da mulher que ora, O poder do adolescente que ora, O poder do marido que ora, O poder dos pais que oram.

Os textos das referências bíblicas foram extraídos da Nova Versão Internacional (NVI), da Bíblica Inc., salvo indicação específica.

Todos os direitos reservados e protegidos pela Lei 9.610, de 19/02/1998.

É expressamente proibida a reprodução total ou parcial deste livro, por quaisquer meios (eletrônicos, mecânicos, fotográficos, gravação e outros), sem prévia autorização, por escrito, da editora.

Dados Internacionais de Catalogação na Publicação (CIP)
(Câmara Brasileira do Livro, SP, Brasil)

Omartian, Stormie

O poder da mãe que ora / Stormie Omartian — São Paulo: Mundo Cristão, 2012.

ISBN 978-65-5988-394-3

1. Devoções diárias 2. Mães e filhos 3. Mães — Livros de orações e devoção 4. Oração — Cristianismo 5. Vida cristã I. Título.

11-00051   CDD 248.320852

Categoria: Oração
1ª edição: abril de 2012
1ª edição (nova capa): novembro de 2024

Edição
Equipe MC

Revisão
Josemar de Souza Pinto

Diagramação
Sonia Peticov

Capa
Pri Sathler

Publicado no Brasil com todos os direitos reservados por:

Editora Mundo Cristão
Rua Antônio Carlos Tacconi, 69
São Paulo, SP, Brasil
CEP 04810-020
Telefone: (11) 2127-4147
www.mundocristao.com.br

Pai celestial, ensina-me a orar por mim, por meu marido e por meus filhos. Abençoa cada um de nós com o conhecimento de quem tu és e ajuda-nos a viver de acordo com teus preceitos, de modo que possamos permanecer no caminho que estabeleceste para a nossa vida. Capacita-nos a reconhecer os dons e os talentos que nos concedeste e a seguir tua orientação à medida que nos desenvolvemos como mães, maridos e filhos, para tua glória.

Sumário

INTRODUÇÃO	9

PARTE UM: ORE POR VOCÊ
1. Para ser cada vez mais semelhante a Cristo — 15
2. Para manter a verdade de Deus como base sólida — 27
3. Para entregar seus sonhos a Deus — 39
4. Para ser boa mãe — 47
5. Para entender o perdão de Deus e libertar-se da culpa — 59

PARTE DOIS: ORE POR SEU MARIDO
6. Para que ele seja um companheiro bom e fiel — 71
7. Para que ele seja bom pai — 83
8. Para que você e seu marido eduquem os filhos em concordância — 91

PARTE TRÊS: ORE POR SEUS FILHOS
9. Para que conheçam Deus, façam o que é certo e perseverem na fé — 101
10. Para que tenham sabedoria, discernimento e revelação da parte de Deus — 111
11. Para que vivam livres do medo e encontrem total liberdade, restauração e plenitude — 121

12. Para que tenham bons relacionamentos 131
13. Para que encontrem o par perfeito 141
14. Para que tenham segurança e proteção e uma vida longa e produtiva 151
15. Para que descubram e sigam os planos de Deus para o futuro 159

ANOTAÇÕES 169

Introdução

E abençoou a José, dizendo: "Que o Deus, a quem serviram meus pais Abraão e Isaque, o Deus que tem sido o meu pastor em toda a minha vida até o dia de hoje, o Anjo que me redimiu de todo o mal, abençoe estes meninos. Sejam eles chamados pelo meu nome e pelos nomes de meus pais Abraão e Isaque, e cresçam muito na terra".
GÊNESIS 48.15–16

Deus concede autoridade a toda mãe para orar por seus filhos. Desde o ventre você aprendeu a senti-los e amá-los. Você os conhece melhor que qualquer pessoa. Conhece suas esperanças, seus temores, suas preocupações secretas, suas inseguranças, seus sonhos, seus talentos e suas habilidades. Você os ama mais que à própria vida. Está com eles quando estão doentes, quando vão pela primeira vez à escola. Fica ansiosa e apreensiva quando saem para seu primeiro "voo solo", quando enfrentam seu primeiro dia de trabalho. Ninguém mais que você deseja que eles sejam bem-sucedidos. Ninguém mais que você ora e deseja que eles andem nos caminhos do Pai, pois sabe que não haverá futuro promissor para eles longe de Deus.

Mas o Senhor não lhe confiou apenas o cuidado das necessidades físicas, emocionais e espirituais de seus filhos;

concedeu-lhe também um meio de abençoá-los. E esse instrumento é a oração. Um poderoso instrumento. Nada é mais importante para uma mãe que levar diariamente seus filhos a Deus, em oração. Os desafios e perigos a que os filhos estão expostos muitas vezes a levam a perder o sono, a colocar-se de joelhos e a clamar a Deus para que os proteja e oriente. Quantas noites maldormidas! Quantas madrugadas em vigília. Não importa se os filhos são pequenos, adolescentes ou adultos. O zelo é o mesmo.

Desde a infância deles, você se preocupa em dar-lhes condições de um crescimento saudável: físico, emocional, intelectual, relacional e espiritual. Que mãe não deseja que os filhos cresçam e se tornem adultos equilibrados, com potencial para uma vida feliz e de sucesso? Que mãe não sonha com um futuro promissor para eles, como frequentar uma boa faculdade, construir uma carreira promissora e que lhes ofereça uma vida confortável, constituir uma família feliz e sólida?

Quando pequenos, os filhos muitas vezes se expõem a situações de risco ou que podem levar a transformações profundas, algumas das quais nem sempre positivas. Mas eles estão em casa. Com você. Sob seu cuidado e sua proteção amorosos 24 horas por dia. E isso lhe traz uma sensação mais tranquilizadora, pois tudo está aparentemente sob *seu* controle. Você participa do dia a dia deles, de suas decisões, de suas alegrias, de suas angústias e de seus medos. Você faz parte do mundo deles de um modo muito mais abrangente e intenso, pois nessa fase da vida dos filhos o mundo do lar é bem mais atuante que o mundo exterior.

Mas os filhos crescem e com eles os desafios que precisarão enfrentar. As consequências frequentemente são muito mais sérias do que costumavam ser na infância e na adolescência. Os temores já não são do escuro, da disciplina por desobediência ou por negligenciar as tarefas domésticas ou escolares.

Quando os filhos alcançam a idade adulta, a responsabilidade pelo rumo que sua vida tomará é totalmente deles. Você não poderá tomar decisões por eles, nem ajudá-los, se não pedirem sua opinião. No entanto, quando eles deparam com as consequências desastrosas de decisões tomadas sem prévia orientação ou por desconsiderar sua opinião, você se aborrece e aflige. Não raro, já previa os resultados infelizes dessas escolhas equivocadas. Mais que isso, estava ciente de que *você* arcaria, com eles, com essas consequências. No entanto, mesmo zangada, é incapaz de abandoná-los. Você os ama demais para isso.

Ninguém a avisou de que ser mãe é para sempre, não é mesmo? E descobre que, não importa a idade que você ou eles tenham, se estão perto ou distante, suas preocupações como mãe apenas mudam de foco. Contudo, é preciso ter sempre em mente que não podemos estar com cada um dos filhos em todos os lugares e em todas as circunstâncias. Não podemos evitar o perigo que os cerca a cada momento. Perigo das drogas, da violência infiltrada nas escolas e presente nas ruas. Perigo das más companhias, das seduções do mundo, das más escolhas. Não podemos socorrê-los em suas dúvidas, 24 horas por dia. Não seremos capazes de protegê-los a vida toda. Mas, ainda que sua mente saiba racionalmente disso, emocionalmente seu coração se aflige.

Se isso a conforta, não há mãe que não tenha passado pela mesma angústia. Aquela criancinha de que você cuidou, que confortou, ajudou nas tarefas de casa, com quem brincou, sorriu e chorou simplesmente cresceu. E nada pode mudar isso. Mas existe algo que você sempre poderá fazer por seus filhos, e que não depende deles. Mas unicamente de você. *Você pode orar*. Pode orar a um Deus que *tudo pode*, e *ele*, sim, *está presente* em todo instante da vida de cada um de seus filhos, tenham cinco minutos de vida ou cinquenta anos. Você pode orar assim:

Senhor, peço que [nome do filho] descubra os dons e as habilidades que lhe concedeste. Oro para que abençoes a vida dele e lhe dês sabedoria e discernimento nas escolhas que tiver de fazer em sua vida. Peço-te, ó Pai, que o protejas das armadilhas que o inimigo lhe arma e que, assim, possa rejeitar o mal e todo caminho que não seja o teu. Oro finalmente para que a vida dele te glorifique e traga esperança e cura para os que o cercam.

A oração é o presente mais importante que você pode dar a cada um de seus filhos. Eles prosperarão, conforme a vontade de Deus, sob os cuidados e o poder de uma mãe que ora.

PARTE UM

Ore por você

CAPÍTULO 1

Para ser cada vez mais semelhante a Cristo

Muitas vezes nos apresentamos diante de Deus exibindo o que nos parece conveniente ou familiar e deixamos de lado aquilo que ele efetivamente nos concede, de modo gracioso, a fim de que nossa vida possa abençoar a dos que nos cercam. Se assim agimos como filhas, que atitude teremos como mães e a responsabilidade disso decorrente?

Se não somos capazes de nos transformar, por não entender em que nos devemos transformar e por que, ajudar nossos filhos ao longo de sua vida pode se revelar uma tarefa quase impossível de cumprir. Mas não precisamos nem devemos tentar fazê-lo sozinhas. Na verdade, se o fizermos, o fracasso será quase certo. Deus pode abrir-nos os olhos e dar-nos a sabedoria necessária para que possamos ajudar nossos filhos nessa caminhada. Apenas na dependência do Senhor todo-poderoso somos capazes de enfrentar tal desafio com confiança e certas de que seremos amparadas a cada passo.

Ao permitir-nos a maternidade, Deus nos concedeu uma grande dádiva. Nada é mais gratificante que o sorriso, o abraço, o amor de um filho. Mas também é verdade que nada nos aflige mais que sua dor ou angústia. Especialmente quando é fruto de uma ação nossa, impensada. É claro que não acertaremos sempre. Não somos perfeitas. Por isso precisamos buscar orientação aos pés daquele que é perfeito, justo, amoroso, misericordioso, reto; daquele que, por amor a nós, não hesitou em dar o próprio Filho em sacrifício para que *nós* tivéssemos vida. E vida em abundância. Clame a Deus. Ele jamais deixará de ouvi-la. Faça isso agora, de joelhos:

Transforma-me, Senhor. Faze-me mais parecida com Cristo, a cada dia. Dá-me sabedoria para agir como desejas. Que eu aja com meus filhos segundo o teu entendimento. Que eu possa trazer bênção à vida deles para que possam espelhar tua glória. Sei que não sou perfeita, e que tampouco esperas isso de mim, mas quero sinceramente acertar mais que errar. Não permitas que o Inimigo se interponha entre mim e os teus ensinamentos.

Os filhos são dádiva tua, e eu te agradeço muito por tê-la concedido a mim. Sei que não foi por merecimento, mas unicamente por tua misericórdia e por teu amor infinitos. Faze-me digna dessa dádiva, Pai. Oro assim em nome de Jesus Cristo, teu Filho.

Ao orar, lembre sempre de agradecer. Não faça uma lista longa de suas aflições e pedidos, apenas. Tendemos a fazê-lo, é verdade. Mas, em vez disso, disponha-se a ouvir a voz de Deus. Estamos sempre prontas a pedir, mas nem sempre a ouvir. Fique atenta à voz do Senhor. Ele a orientará sobre o que deve ou *não deve* fazer por seus filhos. Sim, *não deve* fazer. O excesso de zelo pode levar-nos a querer fazer por eles o que *eles* precisam fazer por si próprios. Por isso precisamos pedir a Deus que nos molde, nos transforme, nos oriente.

Toda mãe se sente tentada a superproteger os filhos. Não queremos que se machuquem, que sofram, que passem por aflições. Mas tudo isso faz parte da vida e do aprendizado para crescermos como seres humanos, como seres sociais.

Especialmente quando adultos. Podemos, sim, ajudá-los, desde que peçam nossa ajuda. Podemos, sim, orientá-los, desde que peçam nossa orientação. Mas não podemos interferir deliberadamente na vida deles. Ore, em vez disso. Peça a Deus que lhes abra os olhos.

Muitas vezes, é difícil saber até onde devemos ir. Tememos ir longe demais ou, ao contrário, não ir até onde deveríamos. E aí é onde corremos o risco de equivocar-nos e causar danos aos filhos e a nós mesmas, pois nos sentimos culpadas quando os vemos sofrer por nossos enganos. Assim, a melhor maneira de lidar com isso é orar para que Deus faça a vontade dele, pois ela, sim, está isenta de todo engano. Lembre-se disso. Se fazemos a vontade de Deus, não há como equivocar-nos. Portanto, ore, ore, ore.

Quando temos intimidade com o Pai e com sua Palavra, somos capazes de ouvir a voz do Senhor. A questão é que nem sempre queremos aceitar, bem no fundo do coração, que nossos planos para os filhos podem não ser os planos de Deus. Isaías 55.8 deixa claro que nossos pensamentos não refletem os pensamentos de Deus. Portanto, entregue a vida deles em suas mãos poderosas, e você experimentará a verdadeira paz, a paz que excede todo entendimento. É promessa do Senhor.

Busque assemelhar-se a Cristo

Eis um dos grandes desafios da vida cristã. O apóstolo Paulo, autor de mais da metade dos livros do Novo Testamento, lutava contra o pecado que havia nele, e que também habita em mim e em você:

> *Sei que nada de bom habita em mim, isto é, em minha carne. Porque tenho o desejo de fazer o que é bom, mas não consigo realizá-lo. Pois o que faço não é o bem que desejo, mas o mal que não quero fazer, esse eu continuo fazendo. Ora, se faço*

o que não quero, já não sou eu quem o faz, mas o pecado que habita em mim.

Romanos 7.18-20

A boa notícia é que não temos de lutar sozinhas, e é o mesmo apóstolo Paulo quem nos diz:

Sabemos que Deus age em todas as coisas para o bem daqueles que o amam, dos que foram chamados de acordo com o seu propósito. Pois aqueles que de antemão conheceu, também os predestinou para serem conformes à imagem de seu Filho, a fim de que ele seja o primogênito entre muitos irmãos. E aos que predestinou, também chamou; aos que chamou, também justificou; aos que justificou, também glorificou.

Romanos 8.28-30, grifos da autora

Jesus não tinha um pecado sequer. Por isso, só ele poderia pagar nosso resgate. E ele o fez pelo mais alto preço: a própria vida. Mais que isso, Jesus optou por vir à terra, como homem, viver entre nós, ensinar-nos e proclamar o Reino do Pai. Em nenhum momento, ele usou seu privilégio de Filho de Deus, mas foi obediente até a morte, "e morte de cruz" (Fp 2.8).

Pense em como Jesus agiu, e ainda age por meio do Espírito. Ele é amoroso, e seu amor vai muito além da compreensão. Talvez você possa estar pensando que seu amor de mãe a faz sacrificar-se e, quem sabe, até anular-se quando o que está em jogo é a vida e a felicidade de seus filhos. Você os ama mais que à própria vida, não é mesmo? Não hesitaria em sacrificar tudo por eles. Sim, somos capazes de qualquer sacrifício por eles, mas sacrificaríamos tudo, até a vida, por aqueles que nos feriram, ou, pior, que feriram nossos filhos física ou emocionalmente? Deus o fez. Só ele poderia tê-lo feito. Por amor a nós, não hesitou em entregar seu único Filho para morrer numa cruz. Seu amor não se restringiu a um grupo de pessoas, pois Jesus morreu por *todos*. Mesmo pelos que não o aceitaram, o torturaram, dele escarneceram.

Mas Jesus não nos pede que façamos esse sacrifício. Ele morreu para que eu e você pudéssemos reconciliar-nos com Deus. O sacrifício de Cristo foi o derradeiro. O que ele deseja é que entreguemos nossa vida pelas pessoas, mas de outra maneira:

> *Nisto conhecemos o que é o amor: Jesus Cristo deu a sua vida por nós, e devemos dar a nossa vida por nossos irmãos.*
> 1João 3.16

Jesus quer que usemos nossa vida para levar às pessoas o amor de Deus. Mostrar-lhes sua verdade. Esse mesmo amor que abençoa você pode realizar milagres não só em sua vida e na vida de seus filhos, mas na vida das pessoas que a rodeiam:

> *Um novo mandamento lhes dou: Amem-se uns aos outros. Como eu os amei, vocês devem amar-se uns aos outros.*
> João 13.34

À medida que você compartilhar esse amor com sua família, seus amigos, sua comunidade, ele crescerá e se multiplicará dentro de você. Que bom exemplo você será para seus filhos! Experimente.

Ó Deus, ensina-me a amar como Cristo amou. Tu conheces minhas limitações. Sabes também que sou incapaz de fazê-lo sem ti. Jesus amou a todos, até mesmo aos que o torturaram na cruz. Que grande e inexplicável amor! Ajuda-me a ensinar esse amor maravilhoso primeiramente a meus filhos, através de meu exemplo, e aos que me rodeiam. Quero ser como Cristo.

Mas Jesus, além de *amoroso*, também foi *humilde*. Embora ele seja Senhor do Universo, ainda assim "humilhou-se a si mesmo e foi obediente até a morte, e morte de cruz!" (Fp 2.8). Que bom exemplo podemos ser para nossos filhos num mundo em que o egocentrismo tem-se expandido cada vez mais! Em que levar vantagem a qualquer custo passou a ser o lema de uma sociedade corrompida pelo desejo de guardar tesouros "onde a traça e a ferrugem destroem" (Mt 6.19). É nesse mundo que nossos filhos viverão, por isso é vital que lhes ensinemos o que de fato é valioso aos olhos de Deus. Que não se deixem levar pelo orgulho, pois o "Senhor detesta os orgulhosos de coração" e porque isso os levará à destruição (cf. Pv 16.18). Quer ensinar humildade a seus filhos? Seja o exemplo de humildade em seu lar.

Jesus também foi *fiel*. Mesmo quando faminto, no deserto, e tentado por Satanás, ele jamais hesitou. Sabia quem ele era e por que fora enviado a este mundo: "Eu sou o caminho, a verdade e a vida. Ninguém vem ao Pai, a não ser por mim" (Jo 14.6).

Ser fiel pode ser muito difícil. Quando tudo vai bem em nossa vida, é muito fácil orar a Deus e dizer que somos fiéis a seus ensinamentos e ao que ele nos pede. Mas é em momentos de aflição que somos testadas. Você já sentiu as forças falharem e a sombra da dúvida obscurecer o brilho de sua fé? Estou certa que sim. Que dizer em momentos como a perda de um ente querido — um filho, por exemplo — ou numa crise financeira pela perda do emprego?

Quem já não se surpreendeu com pensamentos vacilantes, ainda que por alguns segundos? Todas nós, não é mesmo? Pois saiba que são *esses momentos* que Satanás usa para instigar em nós a dúvida, a incerteza. Por isso precisamos pedir a Deus que nos fortaleça, que nos redobre a fé e nos torne tão fiéis quanto Jesus. Que nos ajude a orientar nossos filhos para que eles também possam ser fiéis em sua caminhada, e assim também eles se assemelhem a Cristo.

Mas Jesus também *se doou*, ao discipular alguns homens a fim de que muitas vidas fossem tocadas. Doou de seu poder para que muitos fossem curados, libertados e restaurados.

> *Pois bem, se eu, sendo Senhor e Mestre de vocês, lavei-lhes os pés, vocês também devem lavar os pés uns dos outros. Eu lhes dei o exemplo, para que vocês façam como lhes fiz.*
>
> João 13.14-15

Jesus nos disse exatamente o que fazer para ensinar nossos filhos a agirem como Cristo: *ser o exemplo*. Desde pequenos, os filhos sempre se espelham nos pais. Se eles nos virem agir corretamente, assim farão. Mas o contrário também é verdadeiro. Precisamos ter cuidado com o que fazemos e dizemos, pois estamos sendo observadas o tempo todo. Não podemos exigir deles o que nós mesmas não fazemos. E, quando nos sentirmos fraquejar, poderemos pedir a Deus, que sempre nos ampara.

> *Deus é poderoso para fazer que lhes seja acrescentada toda a graça, para que em todas as coisas, em todo o tempo, tendo tudo o que é necessário, vocês transbordem em toda boa obra.*
>
> 2Coríntios 9.8

Quantas vezes nos sentimos impotentes diante das circunstâncias e incapazes de reagir ao que o mundo quer nos impor. Viver no mundo e, ao mesmo tempo, estar separada dele é, às vezes, um grande dilema. Mas Jesus também responde a isso. Ele estava *no* mundo, mas não era *parte* dele. Cristo jamais se deixou contaminar pelo mundo ou se tornou *semelhante* a ele, no entanto ele mudou seu entorno. Talvez você esteja pensando: "Jesus foi capaz de fazê-lo, mas como *eu* posso fazê-lo?". Você pode. O segredo: a oração. Jesus orou pedindo ao Pai: "Não rogo que os tires do mundo, mas que os protejas do Maligno" (Jo 17.15).

Temos de orar, orar sempre. Não podemos e não devemos nos isolar do mundo, nem deixar de interagir com ele. Não podemos isolar nossos filhos. Jesus não se isolou. Ao contrário, ele interagiu com todos o tempo todo. A diferença é que não se contaminou com o que o cercava. Tampouco nós podemos nos deixar levar por um conjunto de valores que se choca frontalmente com o que a Palavra de Deus nos ensina, a ponto de não haver distinção entre os que são de Cristo e os que não o são.

Trata-se de um dos grandes desafios de nosso tempo. O mundo possui muitos atrativos. E se é assim para nós, que dirá para nossos filhos. Presas fáceis nesse mundo dominado pelos relacionamentos frágeis, pela deterioração da relevância da família e seus valores, pela superficialidade, pela ganância, pelo orgulho, pelo aparentemente valioso, pelo relativo, pelo prazer, pelo fácil.

Como mães, nossa atuação tem de fazer diferença na vida deles. Lembre-se: os filhos espelham-se nos pais, por isso ore para que você tenha sempre em mente a pessoa que é, e que deve continuar a ser. Ore a Deus em favor de cada um de seus filhos, para que eles também vivam convictos de quem são e que podem fazer diferença onde estão: no colégio, na faculdade, no trabalho, na academia, numa roda de amigos. Não importa. Ore para que o Senhor os mantenha *no* mundo, mas *sem jamais fazer parte* dele ou *compactuar* com seus valores.

Ó Deus, ajuda-me a jamais me deixar moldar pelo mundo. Nem sempre é fácil *estar* no mundo e *não agir* segundo suas regras. Peço tua misericórdia e tua orientação. Mostra-me como ser exemplo para (nome de seu filho), a fim de que ele também possa resistir aos encantos falsos que o mundo lhe oferece. Quero fazer diferença em meu lar, na vizinhança, no trabalho, em meio às pessoas com as quais convivo. Quero ser como Cristo: *estar* no mundo, mas *não fazer parte* dele, e desejo que meu filho siga meu exemplo. Ajuda-me a ser a pessoa que o Senhor criou para ser e a mãe que meu filho precisa.

O apóstolo João ensina, ainda, que devemos ser obedientes como Cristo. Uma das coisas mais admiráveis sobre Jesus foi o fato de, mesmo sendo Senhor, nada fazer por conta própria. Ele orava e não agia até receber instruções do Pai. Se queremos ser como Cristo, precisamos aprender a obedecer, cegamente, a Deus: "Aquele que diz que permanece nele, esse deve também andar como ele andou" (1Jo 2.6). A obediência é algo que valorizamos na educação dos filhos. Que mãe não fica exasperada quando tem de dizer a mesma coisa ao filho duas, três, quatro ou mais vezes? Mas quantas vezes Deus precisa dizer-nos *também* a mesma coisa? Será que somos obedientes? Se os filhos se espelham em nós, será que estamos sendo bom exemplo para eles nesse quesito?

Jesus foi *obediente*. E o foi até a morte. Pode haver obediência maior que essa? Ele fez o que tinha de fazer porque estava plenamente consciente de sua responsabilidade. Você tem plena consciência de sua responsabilidade? Se você e eu quisermos ser como Cristo precisaremos manter...

> *... os olhos fitos em Jesus, autor e consumador da nossa fé. Ele, pela alegria que lhe fora proposta, suportou a cruz,*

desprezando a vergonha, e assentou-se à direita do trono de Deus. Pensem bem naquele que suportou tal oposição dos pecadores contra si mesmo, para que vocês não se cansem nem desanimem.

Hebreus 12.2-3

Mas também não poderemos fazer diferença se, além de obedientes a Deus, não formos luz, e não o seremos se não nos assemelharmos a Cristo, pois ele é a *luz do mundo*. "Eu sou a luz do mundo. Quem me segue, nunca andará em trevas, mas terá a luz da vida" (Jo 8.12). Em Mateus 5.14, no Sermão do Monte, Jesus nos atribui essa luz: "*Vocês são a luz do mundo. Não se pode esconder uma cidade construída sobre um monte*" (grifos da autora).

Cabe-nos fazer brilhar a luz de Cristo em nós. Nossos filhos precisam dessa luz, e cabe-nos levá-los, por meio do brilho de nossa luz, à "luz do mundo".

Senhor, torna-me cada dia mais semelhante a Cristo, a fim de que em todo lugar que eu estiver as pessoas possam perceber qual é o "segredo" de minha luz e desejar obtê-la. Ajuda-me a conduzir meus filhos à cruz de Cristo. Ajuda-me a ser amorosa, humilde, fiel, obediente, luz, a doar-me, a não me deixar levar pelos valores do mundo. Enfim, a ser como Cristo e a mostrar a meus filhos, através de minha vida, como se assemelharem a ele.

Jesus foi *completo* e *perfeito*. Deus não espera que sejamos perfeitas. Ele sabe que jamais alcançaremos, neste mundo, a perfeita estatura de Cristo. É impossível, pois o pecado está em nós. No entanto, Deus espera que a busquemos incessantemente. Não por nossos méritos ou por nossas forças, mas na dependência de seu Espírito. Sozinhas, não seremos capazes de dar sequer um passo rumo a nossa transformação, mas se orarmos, se ouvirmos a Deus, se nos colocarmos na total dependência dele, se buscarmos ser obedientes e seguir sua Palavra, então alcançaremos êxito. Não para gloriar-nos, mas para a glória de Deus. Temos sua promessa de que a obra que em nós começou, ele terminará (Fp 1.6; 4.13; Gl 2.20; Rm 8.16-17).

A transformação de nosso lar, de nossos filhos, começa com *nossa transformação* como mãe e esposa. Ore a Deus, colocando todo o seu coração em cada palavra expressa. Derrame-se diante do Pai, dizendo:

> Senhor, desejo ser transformada, e gostaria que iniciasses esse processo hoje. Ajuda-me a me separar do mundo sem me isolar. Mostra-me quando não estou sendo humilde e ajuda-me a resistir a qualquer tipo de orgulho. Que minha humildade seja um testemunho de teu Espírito em mim. Que teu amor manifestado em mim seja testemunho de tua grandeza para meus filhos e para as pessoas que me rodeiam. Faze-me tão semelhante a Cristo a ponto de elas desejarem conhecer-te melhor. Mais que isso, que eu possa praticar tudo isso em minha vida e, assim, ensiná-lo a meus filhos. Ajuda-me a ser uma mãe segundo o teu coração, Senhor.

CAPÍTULO 2

Para manter a verdade de Deus como base sólida

Hoje, sinto grande alegria em ler a Palavra de Deus, alegria que se multiplica infinitamente quando me inspira a orar, o que ocorre com muita frequência. Mas nem sempre foi assim. Quando eu me converti e meu pastor nos encorajou a crescer no conhecimento da Palavra de Deus, eu achava que *o pastor* é que nos ensinaria e que teríamos apenas de acompanhar.

Eu havia desistido de ler a Bíblia depois de várias tentativas fracassadas, que me frustraram e desmotivaram. Não conseguia identificar-me com seu estilo e também não entendia muito. Compreender a Bíblia pode não ser tarefa fácil para uma recém-convertida. Assim, a cada explicação de meu pastor, as palavras iam tomando outra magnitude.

Então, comecei a ler Salmos e Provérbios. Os capítulos curtos me davam segurança suficiente para me arriscar. Assim, fui estendendo a leitura até os evangelhos de Mateus, Marcos, Lucas e João. Fiquei surpresa ao ver como as palavras adquiriam novos significados, a ponto de, em dado momento, desejar conhecer toda a história, e resolvi começar a ler desde o início: Gênesis. E fui até o fim.

Ao terminar a leitura de todos os livros, minha visão das coisas passou a ser muito diferente. Os benefícios para minha vida e a daqueles que me rodeavam, principalmente para minha família, foram inegáveis. As decisões e avaliações de problemas e circunstâncias, em especial as que envolviam meus filhos, passaram a ser analisadas segundo uma ótica totalmente diferente: a ótica da Palavra de Deus.

Desenvolvi uma rotina diária de leitura. Para mim, a leitura matinal é excelente, pois preparo mente e coração para enfrentar o dia de desafios. No passado, quando as velhas frases voltavam a ecoar na mente: "Você não vale nada", "Você não presta", "Por que tentar?", eu também conseguia ouvir nitidamente as palavras de Deus: "Você foi feita de modo especial e admirável. Eu a salvo das portas da morte. Você será feliz, se em mim se refugiar" (Sl 2.12; 9.13; 139.14).

A Bíblia me mostrou que meus parâmetros não eram confiáveis para discernir o certo do errado, mas apenas Deus, por meio de sua Palavra. A leitura e o conhecimento que ela me oferece por si só já seriam suficientes, mas ela me concede mais. Concede-me o prazer e a alegria de estar na presença de meu Senhor.

Esse foi apenas um dos muitos sinais de maturidade emocional que Deus estava tratando e restaurando em minha alma, e dos alicerces que estavam sendo construídos com base em sua Palavra.

Talvez você esteja pensando: "Mas com esse ritmo frenético, não tenho tempo de ler todo dia". Eu a desafio a reconsiderar essa postura. Mais que isso, relaciono alguns bons motivos que costumo mencionar às pessoas para conscientizá-las de que, ao ler a Bíblia diariamente, elas vão:

- Libertar-se da ansiedade e obter paz (Sl 119.165).
- Encontrar direção para a vida (Sl 19.7-8).
- Conhecer a vontade de Deus (Sl 119.105).
- Experimentar cura e libertação (Sl 107.20).
- Crescer no Senhor (1Pe 2.2).

- Ser fortalecida e consolada, e ter esperança (Sl 119.28, 50,114).
- Moldar corretamente a si mesmas e a sua vida (Sl 119.11).
- Conseguir avaliar circunstâncias com clareza (Sl 119.130).
- Conhecer as intenções do próprio coração (Hb 4.12).
- Desenvolver a fé (Rm 10.17).
- Ter alegria (Sl 16.11).
- Compreender o poder de Deus (Jo 1.3).
- Vivificar a vida (Sl 119.50).
- Discernir o bem do mal (Sl 119.101-102).
- Compreender o amor de Deus por elas (Jo 1.14).

E então? Você acha que pode abrir mão de meditar em pelo menos alguns versículos da Palavra, todo dia? Vinte minutos são suficientes, e eu garanto que cada palavra lhe penetrará o coração e a mente a ponto de transformá-la, dia após dia. Pode experimentar. Faça isso agora mesmo. Pare dez minutos. Leia um dos versículos mencionados nessa lista e, em espírito de oração, reflita nele por alguns minutos.

Tudo na vida requer disciplina. Se você deseja ensinar isso a seus filhos, terá de investir tempo neles. Não é assim com tudo? Para manter a saúde, temos de reservar um tempo para exercitar-nos e alimentar-nos adequadamente; se desejamos ser boas profissionais, temos de investir tempo e dinheiro em treinamento e aquisição de conhecimento; *se desejamos ser boa mãe, temos de dedicar algum tempo de nosso dia à leitura da Palavra, à oração e à comunhão com Deus.*

Só há um meio de alcançar plenitude espiritual: conhecendo as Escrituras. Se você quer viver para Deus e manter a verdade dele como base para sua vida, precisa saber como o Senhor deseja que viva. Jesus foi categórico ao afirmar: *"Está escrito: 'Nem só de pão viverá o homem, mas de toda palavra que procede da boca de Deus'"* (Mt 4.4, grifos da autora). Portanto, para alimentar-nos da Palavra de Deus e vivermos segundo sua vontade soberana, só há um meio: disciplinar-nos na leitura diária. Com isso você conseguirá satisfazer o tipo mais atroz de fome: a da alma, evitando ainda desgastes emocionais e desnutrição espiritual.

Se você estiver pensando: "Eu não leio *todos* os dias, mas, quando me dirijo ao trabalho ou levo as crianças à escola, vou ouvindo no carro a leitura bíblica e a mensagem matinal do pr. fulano. Isso é muito bom pra mim", claro, é muito bom, sim, mas não substitui *seu* momento com Deus, *sua* reflexão, *sua* compreensão da Palavra. Não permita que *outras* pessoas lhe digam o que a Palavra de Deus diz: leia-a você mesma, lembrando-se de que ela foi escrita para *você*. Estabeleça esse compromisso com Deus e anote-o em sua agenda.

Se a linguagem da Bíblia que você costuma ler apresenta dificuldades de entendimento, use outra cuja linguagem seja mais contemporânea. Se você gosta de tecnologia, a internet também oferece várias opções. Há muitas alternativas. Você sempre pode pedir auxílio a um de seus filhos para navegar na internet. Isso também poderá ajudá-los a, como você, criar esse hábito. Lembre-se: você é o espelho deles.

A Palavra como ferramenta
para enfrentar momentos de dor

Passei por muitas situações e circunstâncias difíceis e de grande dor em minha vida. Houve épocas em que precisei lutar contra o medo e a depressão. Sentia-me tão desgastada que mal conseguia entender o que lia na Bíblia. Sentia-me distanciada de Deus, e até achava que ele nunca mudaria o que eu considerava verdade imutável em minha vida. No entanto, nunca deixei de ler a Palavra. Mesmo quando parecia que nada fazia sentido.

Seu caso talvez não seja tão extremo, ou, quem sabe, possa ser até pior. Uma coisa é certa: se insistir na leitura e na oração diárias, você, como eu, acabará por sentir-se de algum modo renovada, fortalecida e cheia de esperança. É possível que neste exato momento você esteja pensando: "Sei que isso não vai adiantar nada; não com esse meu problema". Posso garantir-lhe, por experiência própria, que você está enganada.

Quando estiver com medo, deprimida ou ansiosa, pegue a Bíblia, escolha um versículo, leia-o e depois ore:

> Ó Deus, minha alma está faminta, e tua Palavra é o único alimento para meu espírito. Eu te agradeço porque tu a concedeste a nós por tua graça e teu amor. Ajuda-me a compreender o que teu santo Espírito deseja ensinar-me. Revela-te a mim à medida que eu a leio e permite que ela ganhe vida em meu coração e em minha mente. Mostra-me o que preciso saber. Que tua Palavra penetre em tudo o que me impediria de receber aquilo que desejas me dizer hoje. Oro assim em nome de Jesus. Amém.

Então, em espírito de oração e com humildade, continue a ler a Palavra de Deus até sentir a paz invadir o coração. A sensação de bem-estar que experimentamos na presença de Deus não se compara a nada neste mundo. Quando as Escrituras penetram o coração e a mente, experimentamos consolo, esperança e direção:

> *Pois tudo o que foi escrito no passado, foi escrito para nos ensinar, de forma que, por meio da perseverança e do bom ânimo procedentes das Escrituras, mantenhamos a nossa esperança.*
>
> ROMANOS 15.4

Quando nos sentimos fortalecidas pela Palavra, encontramos ânimo para enfrentar os desafios da maternidade. Ser mãe às vezes pode revelar-se uma tarefa nada fácil. As armadilhas são inúmeras. Decidir sobre o que é certo ou errado pode gerar muita angústia. Por isso, é fundamental que você mergulhe cada vez mais profundamente na Palavra. Só assim será capaz de conhecer o poder contido em seus ensinos, o amor que Deus tem por você e por seus filhos, e os instrumentos que ele lhe disponibiliza para lutar contra o inimigo de nossa alma.

Talvez você, como eu, seja capaz de reproduzir textos inteiros da Bíblia por tê-los memorizado há muito ou lido várias vezes, e acha que, por isso, não tem necessidade de leituras diárias das Escrituras. Se é assim que você pensa, é melhor ter cuidado. Como o corpo precisa de alimento para manter-se vivo, a alma precisa da leitura da Palavra para nutrir-se e crescer. Significa que toda vez que ler a Bíblia, ela a alimentará de uma forma nova e diferente. Deus sempre tem algo mais para ensinar-lhe através de sua Palavra. Por isso é preciso ler e reler, mesmo as passagens que conhecemos de cor.

Para compreender melhor a dimensão disso, talvez ajude pensar na Bíblia como se ela fosse uma carta de amor. Quando recebemos uma carta de alguém que amamos, não a lemos apenas uma vez, de qualquer jeito, e então a guardamos no fundo de uma gaveta. Nós a lemos e relemos periodicamente, nos identificando com aquela pessoa, procurando nas entrelinhas todas as mensagens que porventura não estejam tão evidentes.

A carta de amor de Deus para você está cheia de mensagens. Ela diz: "Eu a amo incondicionalmente". Ela *não diz*: "Estas são as coisas que você precisa fazer *para* que eu a ame". A Bíblia não é apenas um apanhado de informações: é um livro de vida. Ela não deve ser lida como ritual ou por medo de que algo ruim lhe aconteça, se não o fizer. Ela deve ser lida para que Deus possa inundá-la de amor, de dentro para fora, e moldar-lhe o coração à imagem dele, a fim de que nada possa mantê-la distante da presença ou vontade dele.

Assim como você se preocupa com o tipo de alimentação que seus filhos consomem, Deus se preocupa com o tipo de alimentação a que você, sua filha, se expõe. Ele quer que você cresça espiritualmente forte para poder realizar o que ele tem para você como mãe, como mulher, como esposa, como profissional, como membro da comunidade em que você está inserida. Alimente-se da fonte nutricional mais rica: a Palavra de nosso Senhor.

Ó Deus, ajuda-me a ser uma filha tua obediente e saudável espiritualmente para que eu possa realizar bem a tarefa que me confiaste como mãe. Ajuda-me a ser disciplinada na leitura diária da Bíblia e a não cair na armadilha do "já sei o que está escrito".

Peço que me ajudes a manter meu compromisso contigo, a compreender tua Palavra, a não me deixar levar pelas vozes enganosas que possam ecoar dentro de mim. Quero ouvir apenas a tua voz, Senhor.

Ajuda-me e a meus filhos a construirmos uma base sólida, calcada em tua Palavra, sobre a qual confiemos nossa vida. Oro assim no nome santo de Jesus, teu Filho. Amém.

A Palavra como ferramenta para decidir com sabedoria

Sentada na sacada de um edifício à beira-mar, eu conseguia ver claramente a profundidade das águas, nos diferentes locais. A vista era maravilhosa. As pessoas nadavam até longe e, então, surpreendiam-se com lugares rasos, onde a água mal chegava à altura do joelho, obrigando-as a se levantarem. Poucos metros adiante, eram mais uma vez surpreendidas por águas profundas.

Lá de cima, eu tinha uma visão privilegiada e, se pudesse me comunicar com elas, poderia avisá-las quando se aproximassem da beirada. Mas era impossível, dada a distância.

Algo semelhante nos ocorre no dia a dia. Adentramos em águas rasas, tranquilas, agradáveis, e de repente somos surpreendidas por águas profundas, perigosas, preocupantes, onde não somos capazes de enxergar muito longe. E são nesses momentos que nos esquecemos de que Deus é capaz de ver tudo, porque está acima de tudo. E, diferentemente da situação que mencionei (eu não conseguia avisar os banhistas), Deus pode nos orientar. Basta que nos comuniquemos com ele, seja pela meditação em sua Palavra, seja pela oração. Se o fizéssemos regularmente e disséssemos: "Senhor, dirige meus passos naquilo que não sou capaz de ver", ele nos conduziria para longe da beirada. O problema é que, não raro, deixamos de buscar sua direção. Não lhe pedimos sabedoria. Não consideramos o ponto de vista dele. E, quantas vezes, por causa disso, caímos no "buraco" que não conseguimos enxergar.

Foi o que ocorreu com Ló. Ele acabou sendo capturado pelo inimigo, por ter escolhido viver numa terra que *ele* considerou boa (cf. Gn 13.10-11), quando, na verdade, ela ficava no meio de um povo perverso (cf. Gn 13.13). Seu julgamento suplantou o de Deus. Isso lhe faz lembrar alguma coisa? De alguma situação em que você se viu numa "terra" que *você* escolheu para só depois perceber que estava "rodeada de povos perversos"?

Deixamos a proteção divina, desviando-nos do melhor que *Deus* tem, apenas porque escolhemos o que *nós* achamos melhor para nossa vida. Ignoramos a sabedoria e a direção *dele*. Todas nós já fizemos isso; pelo menos uma vez, não é? No entanto, somos ágeis em enxergar a falta de sabedoria nos demais e até mesmo em nossos filhos; mas não em nós mesmas. Só há um meio de evitar o julgamento do outro: a comunhão com Deus. Portanto, devemos orar suplicando a Deus que nos impeça de julgar e, em vez disso, nos capacite a ajudar os que não são capazes de enxergar o "buraco" no qual estão prestes a se precipitar.

Sabedoria significa percepção e entendimento claros. Significa saber como aplicar a verdade nas mais diferentes circunstâncias. Ser capaz de discernir o certo do errado. É ter bom senso. É ser capaz de perceber quando você está se aproximando da beirada. É fazer a escolha certa ou tomar a decisão correta. E só Deus sabe qual é ela. Portanto, se não orarmos por discernimento, por sabedoria, como conhecer a verdade que está com Deus?

> *Mas quando o Espírito da verdade vier, ele os guiará a toda a verdade. Não falará de si mesmo; apenas o que ouvir, e lhes anunciará o que está por vir.*
>
> João 16.13

Quando a situação envolve os filhos, ela pode ficar ainda mais complicada se Deus não estiver inserido nas ações que tomamos. Muitas vezes não sabemos que decisão tomar, que palavras dirigir-lhes ou que ajuda oferecer-lhes para não transgredir os limites de uma mãe e o direito deles de livre escolha. Será que o que *consideramos* melhor é mesmo o melhor? Lembre-se de Ló. A verdade é que não há como saber, se não cultivarmos um relacionamento próximo com Deus. Se não orarmos. Se não ouvirmos a voz da sabedoria divina. Se não investirmos um tempo de qualidade na leitura e na meditação da Palavra. Se não pedirmos a sabedoria que Deus nos concede liberalmente (cf. Tg 1.5), em vez de mirar os valores do mundo (cf. 1Co 1.20-21). Se não formos reverentes, se não temermos e obedecermos ao Senhor (cf. Pv 2.7; 9.10).

Ser uma mãe sábia é fundamental na educação e na formação moral e espiritual de nossos filhos. A sabedoria nos provê 1) *descanso renovador:* "quando se deitar, não terá medo, e o seu sono será tranquilo" (Pv 3.24); 2) *confiança:* "pois o Senhor será a sua segurança e o impedirá de cair em armadilha" (Pv 3.26);

3) *segurança*: "Não abandone a sabedoria, e ela o protegerá; ame-a, e ela cuidará de você [...] Assim, quando você por elas seguir, não encontrará obstáculos; quando correr, não tropeçará" (Pv 4.6,12); 4) *entendimento*: "Se o sábio lhes der ouvidos, aumentará seu conhecimento, e quem tem discernimento obterá orientação" (Pv 1.5).

A Bíblia também afirma que podemos buscar o conselho de pessoas sábias. No entanto, você deve perguntar a Deus a *quem* deve ir. Conversar com uma pessoa que *você* considera confiável nem sempre é a melhor escolha. Talvez ela não diga algo propositadamente nocivo, mas a avaliação indevida dos fatos pode causar sérios danos. Então, peça a Deus que conceda sabedoria à pessoa que *ele* lhe apontou e que, ao mesmo tempo, lhe mostre se você está recebendo conselho ou orientação de uma fonte não confiável. Peça-lhe que a afaste de qualquer conselho ímpio e que a guie pelo caminho dos retos e sábios.

Por curiosidade, desci até a praia e fui pela água até um daqueles bancos de areia que mencionei anteriormente. Como eu havia visto, lá do alto, onde ela terminava, aproximei-me da beirada para ver, de perto, exatamente quão profunda era a água naquele ponto. Para minha surpresa, de repente perdi o chão e, como as pessoas antes de mim, caí no buraco. A conclusão a que cheguei? Simples: mesmo quando *achamos* que sabemos o que estamos fazendo, a coisa toda pode ruir em questão de segundos. Por isso, para *tudo* precisamos pedir a Deus que nos conceda sempre sua sabedoria e seu conselho, pois ele é o único que conhece *de fato toda* a verdade.

Portanto, não se iluda *achando* que você mesma pode resolver o problema porque, afinal, você já avaliou, analisou e recalculou tudo. Você pode cair no "buraco", e ele pode ser mais profundo do que imaginava. E pior: você pode levar seus filhos consigo.

Ó Deus, peço que me dês tua sabedoria e teu entendimento em cada decisão que eu tiver de tomar. Sei que a sabedoria é melhor que o ouro, e a prudência, melhor que a prata (Pv 16.16), por isso enriquece-me com sabedoria e prudência. Principalmente quando tiver de tomar decisões relativas a meus filhos. Aumenta minha sabedoria e meu conhecimento, para que eu possa ver tua verdade e, assim, agir de modo que seja um exemplo teu para eles.

Ajuda-me a sempre buscar conselho em ti e a nunca aceitar respostas que o mundo ou pessoas ímpias tenham para oferecer. Ajuda-me a meditar em tua Palavra dia e noite, pois sei que aquele que "confia no seu próprio coração é insensato, mas o que anda em sabedoria será salvo" (Pv 28.26). Não quero confiar em meu próprio coração, mas em teus preceitos. Faze-me uma pessoa sábia, ó Deus. Oro assim no nome santo de Jesus, teu Filho. Amém.

CAPÍTULO 3

Para entregar seus sonhos a Deus

Algumas vezes vivemos momentos em que temos a impressão de que a vida está suspensa. Por mais que nos esforcemos, todas as portas parecem estar fechadas, e nenhuma nova disposta a se abrir. A questão é que desejamos tão ardentemente o que acalentamos no coração que, ao não se tornar realidade, achamos que *nada* está acontecendo. No entanto, o problema está em que *nossos* sonhos *sobrepujam* os sonhos *de Deus*.

Não se trata de modo algum que Deus nos impeça de sonhar. Ao contrário, ele não só deseja que sonhemos, como semeia sonhos em nosso coração. A diferença é que estes estão alinhados a *seus* propósitos divinos. Deus deseja que não o excluamos de nossos sonhos. Apenas isso. Se o excluirmos, eles jamais se concretizarão.

Conheço um rapaz que sonhava com a garota com quem se casaria. Ele já a tinha idealizado nos detalhes, desde a aparência até a maneira de falar e de pensar. Entretanto, não conseguia encontrar ninguém que correspondesse ao seu sonho. Ninguém tinha coragem de lhe dizer que nenhuma moça na terra corresponderia àquele padrão, ou desejaria corresponder. Depois de anos de busca e frustração, finalmente ele chegou aos pés do Senhor e *submeteu a ele* seu sonho. Logo depois, encontrou sua futura esposa e casou-se com ela naquele mesmo ano.

Quando eu a conheci, fiquei surpresa porque ela não correspondia em nada à garota dos sonhos que ele me descrevera. Entretanto, ela era perfeita para ele, porque Deus a escolhera. Deus deseja que lhe submetamos nossos sonhos porque ele não pode nos dirigir enquanto estivermos perseguindo sonhos que *nós* mesmos idealizamos. Deus quer que lhe submetamos *todos* os nossos sonhos. Dessa forma ele poderá nos mostrar qual desses sonhos procede dele e, portanto, está alinhado com *sua* vontade, e qual se origina da *nossa* própria vontade. Se são sonhos e visões pessoais, que não procedem de Deus, experimentaremos uma vida sem satisfação e nos desgastaremos tentando realizá-los.

Entretanto, ainda que o sonho do seu coração *proceda* de Deus, você não o verá realizado até que o submeta ao Senhor. O sonho tem de ser realizado segundo a vontade *dele*, não nossa.

Isso também se aplica aos sonhos que acalentamos para os filhos. Tais sonhos começam a germinar no dia exato de seu nascimento. Nós os vemos crescer e, se o menino gosta de jogar bola e mostra habilidade, já idealizamos uma brilhante carreira no melhor clube do país. Se a menina vive cuidando da saúde de suas bonecas, ouvindo "seus batimentos cardíacos", passando-lhe pomadas ou verificando os ouvidos, já a imaginamos num avental branco, com máscara cirúrgica, no centro médico do melhor conglomerado hospitalar do país.

Não há nada de errado em sonhar com o futuro dos filhos. Podemos demonstrar desde cedo os dons que Deus nos concede, é verdade, e aquele menininho que gosta de jogar bola pode vir a tornar-se de fato um atleta e a menina, uma grande cirurgiã. A questão é que temos de estar alertas para não projetar nos filhos os sonhos que não realizamos para nós mesmos ou aqueles que guardam em si o desejo de perpetuar algo que nos é caro. A mãe médica, vinda de uma família de longa linhagem de médicos, por exemplo, pode sonhar que seus filhos mantenham a tradição profissional da família. Então, ao descobrir que a filha deseja ser arquiteta e o filho, pastor, pode alimentar, conscientemente ou não, uma grande frustração. Tal sentimento não tardaria a vir à tona no relacionamento com esses filhos, o que seria desastroso para eles e para a mãe, sem mencionar para o relacionamento familiar.

Por isso, por mais que nos sintamos tentadas a influenciar os filhos quanto à carreira a seguir, o homem ou a mulher com quem se devem casar, a empresa X ou Y na qual trabalhar, devemos evitar a todo custo fazê-lo. Você pode estar se perguntando: "Mas devemos deixá-los decidir sem orientação, sem mostrar-lhes o que pode ser melhor para a vida deles?". A resposta é: antes de aconselhá-los, busque o conselho de Deus. Lembra-se de quando falamos, no capítulo anterior, sobre buscar sabedoria e discernimento em Deus, mediante a oração e a comunhão diárias com o Pai? É exatamente isso. Precisamos orar, e orar constante e fervorosamente, pela vida de nossos filhos, por suas escolhas nas mais diferentes áreas: pessoal, acadêmica, profissional, emocional, espiritual, familiar. Precisamos buscar em Deus que conselho dar a eles. Podemos e devemos orientar os filhos, desde que o direcionamento esteja fundamentado no *sonho de Deus* para a vida deles, não no nosso.

Haverá momentos em que tudo parecerá estranho, sem muito sentido para você. Mas, se você estiver com os joelhos em terra, diariamente, colocando aos pés de Deus a vida de seus filhos e a sua, pode estar certa de que tudo isso fará parte do crescimento que o Senhor desenha para sua vida e a deles.

Com a chegada do outono, na Califórnia, costumávamos podar nossas roseiras. Durante cerca de quatro meses elas assumiam a patética aparência de pequenas varas sem vida, das quais parecia jamais haver possibilidade de brotar algo. No entanto, quando chegava a primavera, elas cresciam e floresciam copiosamente, e o jardim enfeitava-se de cores exuberantes. Era tal sua beleza que as pessoas paravam para admirar as rosas e aspirar-lhe o perfume. É uma boa ilustração do que Deus deseja fazer conosco. Ele quer que sejamos seu jardim. Quer que tenhamos beleza e propósito, e que exalemos a fragrância geradora de vida para nossos filhos (e eles exalem para os demais) e para aqueles que nos rodeiam. Antes, porém, teremos de ser podados e talvez passar por um período em que mais pareçamos varas sem vida. Mas, lembre-se, apenas *pareceremos* varas sem vida, pois Deus estará nos preparando para o período de florescimento.

Quando o Senhor deseja fazer mudanças em nossa vida (e quando nós permitimos), ele começa cortando tudo o que é desnecessário. Nesse processo, ele arranca tudo o que compromete nosso futuro crescimento e nosso relacionamento com os filhos, a fim de nos preparar para dar fruto. Durante esse tempo, nossa vida talvez pareça estéril, mas na verdade Deus estará nos livrando de tudo o que não produz vida. Esse processo de entregar tudo ao Senhor, principalmente nossos sonhos e desejos para nós e para os filhos, é chamado de poda.

Meu marido, Michael, que foi durante trinta anos um músico de sucesso, certa vez sentiu que Deus queria que ele se afastasse da música, por um tempo. Ele tinha 20 anos de idade e já era pianista profissional e compositor, mas o Senhor mostrou-lhe que a música era um ídolo em sua vida. Ele teve de abdicar do seu sonho de tocar ou compor novamente. Depois de dois anos sem fazer nada na área musical, nem ao menos praticar piano, Deus lhe devolveu o sonho, porque ele tinha naquele momento um lugar diferente em seu coração.

Michael passou pelo teste, suportou o deserto, renunciou ao seu sonho e depois o viu ressuscitar. Não creio que seu sucesso teria tido o mesmo alcance ou a mesma longevidade se ele não tivesse optado por aquela renúncia, naquele instante.

Deus coloca sonhos em nosso coração para nos dar visão, inspiração e nos guiar no caminho certo. Por isso, temos de nos certificar de que os sonhos que temos não são da carne. A única forma de ter certeza é depositar todos eles aos pés do Senhor e permitir que morram. Nós também temos de morrer para eles. Os sonhos que não procedam de Deus serão enterrados para sempre. Mas os que dele procedem receberão nova vida. E isso também é válido para os sonhos que alimentamos para os filhos. Tanto eles como nós, mães, teremos de renunciar a algumas coisas, no presente, para colher depois. Mas, esteja certa, a colheita será farta e maravilhosa.

Em contrapartida, não podemos ser meras sonhadoras, vivendo "nas nuvens", sem jamais vivenciar a concretização dos sonhos. Não podemos, e não devemos, correr atrás de projetos que Deus não está abençoando. Temos de viver confiantes de que nossas esperanças, nossas expectativas e nossos sonhos baseiam-se na certeza dada por Deus de que ele está no controle de tudo. Desejamos somente a esperança que procede de Deus e que é construída sobre o fundamento de suas promessas e de seus propósitos revelados em nós. Esse tipo de esperança é a âncora da alma.

Quando Michael e eu começamos a namorar, eu orava por ele diariamente. Embora eu o amasse, não queria manipular as situações nem forçar um relacionamento. Já tinha feito isso muitas vezes em meu passado. Agi assim no meu primeiro casamento (antes de me converter), e o relacionamento terminou em divórcio menos de dois anos depois. Eu amava muito Michael, mas desejava mais ainda aquilo que Deus tinha para mim. Todos os dias eu me sentava aos pés do Senhor e orava:

Senhor, obrigada porque Michael está em minha vida. No entanto, se ele não é o homem que queres para meu esposo, eu o entrego a ti. Se não devemos ficar juntos, tira-o de minha vida. Se esse relacionamento não provém de ti, fecha as portas. Quero caminhar passo a passo contigo, porque não desejo cometer outro erro.

A porta não se fechou. Michael e eu nos casamos, e eu tive certeza de que essa era a vontade de Deus. Meu sonho com relação a Michael era também o sonho de Deus. Por isso deu certo. No entanto, ainda que sonhemos os sonhos de Deus e eles se realizem, isso não quer dizer que não haverá problemas. Que estaremos isentos de tropeços, de sofrimento, de angústias. Nada disso. Entretanto, quando surgiram dificuldades em meu casamento, jamais me perguntei se Deus realmente tinha nos unido. Essa questão fora encerrada muito tempo antes, quando submeti totalmente a Deus nosso relacionamento. Quando comemoramos 25 anos de casamento, Michael e eu escrevemos uma canção chamada "Quando o sonho nunca morre". Uma das estrofes diz:

> É o Senhor que me convida
> a pôr meus sonhos em suas mãos,
> liberando para sempre o grilhão que os prende,
> submetendo-lhe para sempre meus planos.
> Depois, para termos certeza de que eles não
> nasceram de homens,
> Deus envia o fogo que os reacende
> para que eu saiba em meu coração
> o que o olho não pode ver:
> Que o sonho nunca morre.

Não é divertido morrer para os nossos sonhos. É doloroso. Principalmente quando o sonho tem a ver com nossa identidade ou quando está associado aos seres que mais amamos neste mundo: nossos filhos. No entanto, temos de fazer o que Deus nos manda fazer. Mais ainda. Devemos nutrir uma atitude correta, sob pena de o processo perder o sentido. A Bíblia diz que "ainda que eu entregue o meu próprio corpo para ser queimado, se não tiver amor, nada disso me aproveitará" (1Co 13.3). Fazer a coisa certa com a atitude errada não funciona. Confrontar Deus, dizendo: "Tudo bem, Deus, se queres me arruinar, vai em frente!", não é submeter os sonhos a ele.

As maiores liberações em minha vida sempre ocorreram depois de um tempo de renúncia total. Literalmente me prostrei diante do Senhor, com o rosto no chão, e disse: "Deus, entrego tudo a ti e te dou permissão para tirares da minha vida o que não procede de ti". Fiz isso com meus filhos, parentes, amigos, meu trabalho, meus bens e minhas aspirações. É difícil proferir essas palavras e mantê-las, mas, quando assim agimos, a recompensa é grande.

Pergunte a Deus se há sonhos em sua vida, para você ou para seus filhos, que precisam ser submetidos a ele. Se Deus disser que sim, não significará que você fez algo errado ou que esteja fora da vontade dele. Você pode estar bem no *centro* da vontade de Deus. Os sonhos que você acalenta podem ter sido dados por ele. Muitas vezes, porém, Deus deseja que os submetamos a ele porque, não importa o que façamos, se para nós ou para os filhos, tudo deve ser para a glória do *Pai*.

Portanto, mesmo que você tenha certeza de que Deus lhe deu um sonho para o futuro, ele ainda lhe pedirá que a submeta a ele de forma tão completa que você pensará que o sonho está morto. Deus não deseja que deixe de submeter-lhe alguma área de sua vida, nem mesmo os sonhos que ele coloca em seu coração ou no coração de seus filhos. Se você lhe entregar *todos* os seus sonhos, poderá discernir quais deles são nascidos do Espírito. Perseguir sonhos que dele não floresceram só causará frustração, desentendimentos e falta de realização.

Senhor, entrego a ti hoje todas as minhas esperanças e todos os meus sonhos, tanto os que acalento para mim como para meus filhos. Se existe algo que anseio e que não condiz com o que desejas ou sonhaste para mim ou para eles, peço que o elimines de meu coração e de minha mente. Desejo manter apenas o que vem de ti. Reconheço como é perigoso transformar meus sonhos em ídolos, ao forçar a realização do que *eu* idealizei. Embora seja difícil abrir mão daquilo que desejo, submeto a ti os anseios acalentados em meu coração, de modo que se alinhem aos desejos do *teu* coração. Sei que se eu morrer para eles, tu os enterrarás para sempre ou os ressuscitarás, conforme tua soberana vontade.

Aceito tua decisão e me submeto totalmente a ela. Guia-me no teu caminho, Senhor. Não quero falar das visões do meu próprio coração (Jr 23.16). Nunca disseste que a vida seria fácil, mas prometeste que estarias comigo. Agora, dou cada passo com a luz da tua presença a me guiar, de modo que eu possa ser ao mesmo tempo uma boa filha para ti e uma boa mãe para meus filhos. Oro assim no nome santo de Jesus, teu Filho. Amém

CAPÍTULO 4

Para ser boa mãe

Quando a mulher está no mercado de trabalho, é simples mensurar o grau de sucesso, seja pelo salário, seja pela posição, seja pelo nível de atuação e de responsabilidade. No entanto, quando ela tem por ocupação principal ser mãe, não é possível mensurar nada disso. Ela trabalha por longos períodos, de dia e/ou de noite, sem expectativa definida de hora de término. Não pode faltar quando fica doente e não tem como pedir demissão. É uma tarefa que consome quase as 24 horas do dia, especialmente quando os filhos são bem pequenos, 7 dias por semana.

Embora se trate de uma profissão altamente qualificada, como mães só recebemos treinamento prático quando já exercemos a função. Normalmente, não conseguimos visualizar os frutos de nosso trabalho e só saberemos *com certeza* se fomos bem-sucedidas uns vinte e cinco anos depois de termos começado o serviço. Quanto à remuneração, é bastante indefinida, para não dizer inexistente, ainda que sejam muitos os benefícios.

Na pesquisa que fiz junto a algumas mães, constatei que elas consideram a maternidade um dos itens que ocupam o topo da lista de oração. Na opinião dessas mulheres, um dos aspectos mais preocupantes de ser mãe é encontrar o equilíbrio adequado entre ser boa mãe e boa esposa, tendo se mostrado uma luta diária.

Explícita ou veladamente, não raro nos sentimos culpadas por deixar de lado o marido ou os filhos. Não se trata nem de uma questão de igualdade de tempo dedicado a cada um, pois, de forma alguma, um marido, independente, vai receber tanta atenção quanto uma criança, dependente, que nada ou pouco pode fazer sozinha. Sabemos que nosso marido pode tomar decisões por si mesmo e ir e vir sozinho. Já os filhos podem ser completamente dependentes, como ocorre nos primeiros anos de vida. E, até que alcancem a idade adulta, ainda mantêm diferentes graus de dependência.

Embora precisemos encontrar o equilíbrio no quesito atenção, não se trata de tarefa fácil. Desincumbir-se bem dela exige muita oração. Temos de clamar a Deus que nos sustente, nos dê sabedoria, nos mostre como manter o lar unido, equilibrado, enfim, nos mostre como ser boa mãe e boa esposa. Só quando mantemos constante relacionamento com o Senhor é que nos sentimos mais seguras para agir e decidir.

Ao orar, sentimos que Deus nos alivia o fardo pesado que a educação dos filhos representa, mesmo compartilhada, como deve, com o marido. A responsabilidade que nos recai sobre os ombros na formação de outros seres humanos, que um dia terão seu próprio lar e sua própria família. Mas não é preciso pânico. Não estamos sós na realização dessa tarefa. Deus está conosco.

Se você resolver fazer tudo por si mesma, sua vida será muito mais difícil. Acredite. Estará mais vulnerável às investidas do Inimigo. Tenha em mente que ele está sempre ao redor, à espera que baixemos a guarda. São nesses momentos que ele sopra mentiras em nosso ouvido: "Você nunca vai ser uma boa mãe"; "Está vendo? Não consegue sequer ser boa esposa!"; "Você não serve para nada mesmo".

Não dê ouvidos a essas mentiras. Deus ama você e ele a capacitará naquilo que for preciso. Ore. Abra os ouvidos para Deus, não para o Inimigo de nossa alma. Ore. Não se deixe abater pelas mentiras de Satanás. Ore:

Ó Deus, meu fardo tem sido muito difícil. Quero ser boa mãe e boa esposa, mas a verdade é que às vezes me sinto sem forças e incapaz de levar adiante essa tarefa que me deste. Ajuda-me a ouvir tua voz nesses momentos mais difíceis, e a não me deixar levar pelas mentiras do Inimigo. Não permita que ele encontre brechas e edifique fortalezas que me impeçam de agir segundo o teu querer.

És um Deus poderoso. Tua Palavra nos ensina a ser fiéis, porque tu és sempre fiel. Ajuda-me, Pai, a ser fiel a ti, a ser uma esposa e mãe presente, apoiadora, amorosa. Que possamos ser uma família unida e, acima de tudo, temente a ti. Derrama tua misericórdia e teu amor em nossa vida. Oro assim em nome de teu amado Filho, que deu a própria vida para que pudéssemos tê-la em abundância. Amém.

A MÃE COM DUPLA JORNADA

Não importa o que façamos, os filhos sempre serão uma fonte de culpa. Estaremos sempre nos perguntando: "Será que fiz o suficiente?"; "Será que não fiz demais?". Esses sentimentos exacerbam-se quando, além de nossa atuação como mãe, temos de dividir o tempo com uma atividade profissional.

A verdade é que, desde o instante em que os filhos nascem, uma parte de nós permanece sempre com eles. É interessante observar como esses seres tão pequeninos chegam e tomam nossa vida para sempre. E nós os amamos tanto que somos capazes de tudo por eles. Por isso, não estar presente para receber os filhos quando chegam da escola, não vê-los aprender alguma coisa nova, não poder ajudá-los em suas tarefas, não conseguir tirar folga do trabalho quando um deles fica doente, tudo isso contribui para intensificar a dor e a culpa que sentimos como mãe.

Se, ao ler estas palavras, você achar que elas traduzem perfeitamente o que está vivendo hoje, saiba que essa é a aflição da maioria das mães que atua profissionalmente no mercado de trabalho. O sentimento de culpa que a assola com certa constância não é privilégio apenas seu. A boa notícia é que você não precisa, e não deve, lidar com isso sozinha. Ore a Deus e peça a seu marido que também ore por você. Mais: orem juntos.

> Deus, tenho me ausentado por muitas horas a cada dia. Não posso estar com meus filhos em todos os momentos. Estou normalmente ausente quando eles sentem dificuldade nas tarefas escolares, quando se sentem tristes e desamparados, quando estão felizes e querem compartilhar comigo, quando querem simplesmente sentar-se a meu lado e recostar a cabeça. Isso me faz sentir grande tristeza e aflição. Mais que isso, sinto-me culpada por não poder compartilhar com eles esses momentos importantes e preciosos.
>
> Senhor, tu conheces meu coração e sabes como eu gostaria de poder compensá-los por isso. Ajuda-me, Pai, a aproveitar cada momento em que eu puder estar com eles. Que tenhamos um tempo de qualidade, mesmo quando forem apenas algumas horas. Que nunca duvidem de meu amor por eles. Que saibam que, não importa onde eu esteja, os amo e sempre amarei. Que uma parte de mim sempre estará com eles. Ajuda-me a ser boa mãe, Senhor. Oro assim no nome santo de Jesus, teu Filho. Amém.

Em contrapartida, se você considera estar fazendo um bom trabalho como mãe, é dedicada ou educa bem seus filhos, ainda assim ore a Deus e peça a seu marido que também ore por você, a fim de que se torne uma mãe ainda melhor.

Mães que trabalham fora precisam desesperadamente dessas orações, uma vez que têm de fazer mais com menos tempo. Portanto, se você é uma mãe que trabalha fora, ore para que o tempo que passar com seus filhos seja um tempo abençoador tanto para você como para eles. Peça a Deus que providencie maneiras de poder passar mais tempo com eles. Ore para libertar-se do sentimento de culpa.

A mãe como cabeça da família

Infelizmente, cada vez mais vemos famílias dirigidas por apenas um dos pais. Os motivos são muitos: casais separados, morte de um dos parceiros, maternidade ou paternidade fora do casamento, pai ou mãe ausente.

Não importa o motivo, o fardo daquele que precisou tomar as rédeas, sozinho, é duplamente pesado. Tanto a figura materna quanto a paterna são fundamentais na educação e no desenvolvimento dos filhos. Mas nem sempre eles podem contar, diariamente, com ambos. E, então, resta à mãe ou ao pai a tarefa de tentar suprir a ausência do outro.

Se você é uma mãe que responde, sozinha, pela família, em alguns momentos talvez se sinta cansada, desestimulada ou até mesmo incapaz de ir adiante. É compreensível. Ser mãe e pai ao mesmo tempo não é tarefa nada fácil. Na verdade, um nunca suprirá completamente a ausência do outro. No entanto, isso não quer dizer que você estará sozinha. Sua tarefa será difícil, é verdade, mas não impossível. E sabe por quê? Porque você conta com o melhor aliado que podemos ter: Deus.

A Bíblia diz que o Senhor carrega nosso fardo, dia a dia (cf. Sl 68.19). Portanto, você não está sozinha, e jamais estará, porque Deus é fiel, e, se ele disse que estará conosco todos os dias de nossa vida, creia, ele estará. Então, quando sentir o desânimo ou o cansaço tomar seu coração, lance seu fardo aos pés de Deus. Ore, e o Senhor lhe dará direção, alívio e paz. A paz que excede todo entendimento invadirá seu coração, expulsando qualquer sinal de desânimo ou cansaço.

Talvez esteja se sentindo culpada por não conseguir dar a seus filhos o tempo que gostaria. Se você precisou ou decidiu assumir, sozinha, a responsabilidade de criar e educar seus filhos, e se não possui nenhuma fonte de renda que lhe permita uma situação financeira estável a ponto de dedicar-se aos filhos 100% do tempo, então terá (ou já teve) de inserir-se no mercado de trabalho. E com isso, o tempo que você gostaria de dedicar a eles ficou ainda menor.

Se é esse seu caso, procure ser o mais presente que puder na vida deles. E ser presente não significa apenas "presença física". É claro que isso é fundamental, mas você pode tornar bastante produtivo o tempo que tiver com eles. Não é a quantidade, mas a qualidade que conta. Mostre interesse genuíno por aquilo que eles gostam de fazer ou desejam realizar. Participe da vida deles: peça a eles que lhe contem sobre seu dia, vibre com o sucesso deles, encoraje-os, se o dia não foi tão bom assim. Ore com eles e por eles. Orem pela orientação de Deus à família.

Compartilhe, também, com eles seus planos, seus sentimentos com relação a eles. Deixe-lhes claro quanto você os ama e que lugar de importância ocupam em seu coração. Não permita que se sintam um fardo em sua vida, em vez disso mostre-lhes que "os filhos são herança do Senhor, uma recompensa que ele dá" (Sl 127.3). As crianças compreendem muito mais do que pensamos.

E lembre-se: quando o sentimento de desânimo ou cansaço apontar, vá para seu quarto e, em secreto, clame a Deus para que lhe conceda forças e ânimo. Permita-se ser acolhida pelos braços amorosos do Pai. Às vezes, mesmo que tenhamos estreita comunhão com ele, sentimos necessidade de compartilhar com alguém nossas frustrações e alegrias. Não há nada de errado nisso. Se você não tem ninguém com quem compartilhar, ore, e Deus lhe mostrará essa pessoa.

Lidando com as pressões dentro e fora de casa

Ser mulher não é nada fácil. Somos constantemente julgadas pelas pessoas que nos cercam. Ou, pelo menos, é assim que muitas vezes nos sentimos. Somos julgadas pelo comportamento que nossos filhos apresentam, pelo desempenho deles, pelo sucesso ou insucesso nos estudos e, no final das contas, até como se saem na vida. Somos silenciosamente condenadas se não formos ativas na igreja, na escola, nas atividades comunitárias.

Se trabalhamos fora, isso complica as coisas ainda mais, pois somos intimadas a priorizar a vida profissional. Mas tampouco podemos deixar a peteca cair dentro de casa. Acima de tudo, é nossa obrigação ser excelente mãe e esposa. Se fracassarmos em uma única área, seremos julgadas e condenadas, sem hesitação, por uma sociedade que há muito se esqueceu de Deus.

A boa notícia é que ele não se esqueceu de você nem de mim. Deus não nos condena quando falhamos. Ele conhece o nosso coração e sabe que desejamos ser bem-sucedidas tanto nas atividades que desenvolvemos em casa como fora dela. É verdade que podemos sentir frustração quando o fruto de nosso trabalho, na área profissional, pessoal ou familiar, não resulta abençoador.

Se já é difícil lidar com as pressões externas, quanto mais não será ocupar-se das que vêm de dentro de casa. Se seu marido age, algumas vezes, como um procurador que está sempre apresentando provas irrefutáveis de seu fracasso, converse com ele. Diga-lhe como a atitude dele lhe faz mal. Se não houver clima favorável para conversar, ore para que Deus lhe mostre o momento certo. Não caia na armadilha de desenvolver, na mente, todo o cenário de acusações e defesas. Discussões não resolvem nada. Ao contrário, só pioram as coisas.

Talvez você esteja pensando que isso não seja justo. Afinal de contas, está tentando fazer o melhor. Por que isso nunca parece ser suficiente para ele? A resposta só Deus pode lhe dar. A Bíblia diz que devemos orar sem cessar. Portanto, ore; clame ao Senhor. Mas não fique expondo suas razões o tempo todo. Ouça o que Deus tem para lhe dizer. Estou convicta de que você encontrará o momento certo para falar com seu marido. Portanto, não desanime. Persevere na oração. Deus responderá a sua oração. No momento dele. Lembre.

Outra das grandes pressões que sofremos como mulher e mãe é que devemos criar e manter para a família um lar agradável, convidativo, limpo, atraente, envolto em carinho e cuidado. E quando isso não acontece, por limitações de tempo ou de orçamento, isso pode se tornar uma fonte inesgotável de pressão.

Se, por exemplo, você receber uma visita e a casa estiver bagunçada, malcuidada ou feia, a visita não pensará que seu marido ou seus filhos são desleixados, mas sim que *você* não é uma boa dona de casa. É por isso que, quando os membros da família deixam as coisas espalhadas por todo lugar, isso nos incomoda muito mais que a eles.

A Bíblia diz que é inútil tentar estabelecer um lar sem pedir a Deus que o edifique (cf. Sl 127). Tomar conta de uma casa inclui inúmeras tarefas pequenas que precisam ser feitas repetidamente, e algumas delas são tão simples que nem pensamos em pedir a Deus que nos ajude. Contudo, ele tornará nosso fardo mais leve se dividirmos com ele o peso de *tudo* o que fizermos. Aí reside o segredo.

A maioria das mulheres tem uma vida além das tarefas domésticas. O fato de você orar para que o fardo de cuidar da casa lhe seja tirado dos ombros pode aliviar muito da pressão que sente e permitir que gerencie seu tempo de modo que possa harmonizar suas atividades diárias, dentro e fora de casa.

Então, não importa se, ao chegarem os filhos, você optou por ser dona de casa em tempo integral ou dividi-lo com uma atividade profissional. Em ambos os casos você tem um trabalho a realizar. Tampouco importa se seu trabalho é reconhecido pelo mundo todo ou somente por Deus, se tem um bom salário ou se não está recebendo nenhuma compensação financeira. Seu trabalho é valioso, e você deseja que Deus o abençoe. E, acredite, ele quer que experimente sucesso e satisfação, em vez de cobrança e pressões, seja como dona de casa apenas, seja também como profissional.

Se você tem um trabalho remunerado, não hesite em orar para que seu pagamento seja justo e generoso e para que os negócios de seu empregador sejam abençoados. Ore para que seu trabalho seja reconhecido e valorizado, para que seja promovida e cresça profissionalmente, segundo a vontade de Deus. Diga: "Senhor, gostaria de receber aquela promoção e aquele aumento, se essa é tua vontade para minha vida". Ao orar dessa maneira e entregar seu trabalho ao Senhor, ele vai abençoá-la.

Mas, se seu trabalho está restrito ao lar, peça a Deus que a abençoe de modo que você possa abençoar seus filhos e seu marido. Para que sua família a valorize por seu esforço, sua dedicação e seu amor. A Bíblia diz que "a bênção do Senhor traz riqueza, e não inclui dor alguma" (Pv 10.22). Você não recebe salário para cuidar da casa ou educar seus filhos, mas sua recompensa por ver os resultados desse trabalho é inestimável. Não se esqueça de que "a obra do justo conduz à vida" (cf. Pv 10.16, RA). Assim, seja qual for seu trabalho, entregue-o ao Senhor e não se deixe abater pela condenação do mundo.

Senhor, peço que me mostres qual é o trabalho que devo realizar. Se desejas que eu mude algo, revela-me. Dá-me força e energia para que eu não só possa realizá-lo bem, mas que eu encontre grande realização e satisfação nele, mesmo quando se mostrar difícil.

Obrigada, porque, não importa que trabalho realize, sempre há algum proveito (cf. Pv 14.23). Peço-te que o resultado de meu trabalho seja abençoador, e que também te glorifique. Que eu possa ser bênção para aqueles que me rodeiam. Que eu possa ser sempre para tua glória. Oro assim no nome santo de Jesus, teu Filho.

As Escrituras mostram que a mulher ideal trabalha com afinco (cf. Pv 31). Portanto, se em suas atividades você coloca não só empenho mas também o coração, se faz tudo o que está a seu alcance e se está em constante comunhão com Deus, você está no caminho certo.

Estabelecendo prioridades

Ao estabelecer suas prioridades, não tente colocar tudo e todos antes de si mesma. Isso gera um esgotamento que pode ter sérias consequências, mesmo que hoje você não perceba nada. Se está sempre fazendo coisas para todo mundo e nunca dedica um tempo para si mesma, ficará esgotada emocional e fisicamente. Mais cedo ou mais tarde, não terá mais nada para dar.

É difícil para uma mãe encontrar as prioridades corretas para sua vida quando há tantas coisas exigindo sua atenção. Ore, então, para que Deus lhe revele quais devem ser suas prioridades.

Senhor, coloco diante de ti minhas prioridades, de modo que estejas no controle de tudo o que eu fizer. Mostra-me como buscar-te quando me sentir pressionada e confusa.

Ajuda-me a fazer do tempo contigo minha maior prioridade, todos os dias. Mostra-me como encontrar o equilíbrio adequado entre ser esposa, ser mãe, cuidar da casa, trabalhar, servir na igreja e na comunidade e encontrar tempo para mim, a fim de que possa sentir-me descansada e revigorada. Liberta-me da culpa.

Senhor, peço-te que me ajudes a tornar meu lar um santuário cheio de paz. Independentemente de nossas condições financeiras, dá-me sabedoria, energia, força, visão e clareza mental para transformar nossa casa num belo lugar de refúgio, que traga alegria a cada um de nós. Oro assim no nome santo de Jesus, teu Filho. Amém.

Gostaria de encorajá-la a refletir sobre a maternidade, da ótica de Deus. Ela é dádiva de Deus, e os filhos são herança do Senhor (cf. Sl 127.3). Não há fórmulas nem receitas para sermos boas mães. Mas, se você quiser seguir na direção certa, o primeiro passo é *viver na dependência de Deus*. Se ouvir sua voz, se andar em comunhão com ele, se o buscar incessantemente, você estará no caminho certo. Isso não quer dizer, no entanto, que não cometerá erros. Todos cometemos erros. E, acredite, cometeremos muitos. A diferença é que sempre poderemos contar com a presença de Deus para nos reorientar e, assim, não perder o rumo que ele traçou para nós.

Derrame o seu coração como água na presença do Senhor. Levante para ele as mãos em favor da vida de seus filhos.
LAMENTAÇÕES 2.19

CAPÍTULO 5

Para entender o perdão de Deus e libertar-se da culpa

Uma das razões por que podemos passar a vida sem nos sentir bem conosco e sem experimentar a intimidade que desejamos com Deus é que nunca ficamos livres da culpa relativa aos próprios sentimentos. Se, ao receber Jesus, fomos perdoados de nossos pecados, por que às vezes ainda sentimos condenação na presença de Deus? Por que há momentos em que suspeitamos que ele não se alegra quando nos achegamos a ele em oração? A culpa, da qual não conseguimos nos livrar, é a responsável muitas vezes por esses pensamentos, e não raro nem sequer sabemos por que nos sentimos assim.

Antes de conhecer o Senhor, sempre me sentia um fracasso. Como se tivesse de me desculpar todos os dias pelo fato de eu existir. Nunca tive paz com relação à pessoa que eu era e à vida que estava levando. Eu sabia que havia feito muitas coisas das quais não me orgulhava, mas aparentemente não eram piores do que as ações das pessoas em volta de mim. A única diferença era que eu me sentia mal o tempo todo, enquanto eles, não.

Ao receber Jesus, também recebi a dádiva da graça de Deus: o perdão de todos os meus pecados. Um cartão do tipo "livre da prisão". Um prêmio imerecido por tomar uma boa decisão. Naquele momento, senti que um enorme fardo me era tirado dos ombros. No entanto, mesmo depois disso, eu ainda mantinha um sentimento ruim com relação a minha vida. Não tão ruim como antes de minha conversão, é verdade, mas o fato é que eu não me sentia completamente bem. As pessoas me pareciam totalmente livres, eu me perguntava como elas conseguiam se sentir assim.

Sem dúvida, a culpa provinha da maneira como eu tinha sido criada. Cresci ouvindo minha mãe dizer que eu nunca fazia nada certo. Ela me castigava por coisas que eu *não* fazia, e ignorava as que eu fazia e que sabia que estavam erradas. Anos mais tarde, mesmo depois de eu entender que seu julgamento não era normal, ainda me sentia muito confusa sobre a questão do pecado. E, por isso, a culpa passou a ser um modo de vida para mim.

Um dia, no entanto, enquanto lia as Escrituras, deparei com este texto: "Portanto, agora já não há condenação para os que estão em Cristo Jesus porque por meio de Cristo Jesus a lei do Espírito de vida me libertou da lei do pecado e da morte" (Rm 8.1-2). Nesse momento soube que tinha de decidir se continuaria a responsabilizar minha mãe pelo rumo de minha vida. Se eu aceitaria as palavras *dela* ou acreditaria nas *de Deus*. As palavras de minha mãe ecoavam-me na mente todos os dias, mas eu precisava entender as palavras de Deus para que também fizessem eco e suplantassem as dela.

Eu já havia lido aquela passagem muitas vezes, mas, dessa vez, ela penetrou a mente e o coração. Se nenhuma condenação há para os que estão em Cristo Jesus, e eu estou em Cristo Jesus, por que sentia condenação? A Palavra de Deus diz que não preciso viver com culpa pelo que fiz, faço ou farei. Posso achegar-me a Deus, com o coração arrependido, quantas vezes forem necessárias e pedir-lhe perdão, e ele me livrará de todo o fracasso e de toda culpa.

Que revelação transformadora! *Não* precisamos viver sentindo culpa. Eu sabia que não se tratava de uma licença para passar a vida fazendo o que bem entendesse desde que estivesse disposta a pagar uma taxa de arrependimento quando fosse pega em flagrante. Pelo contrário, era Deus dizendo: "Dei meu Espírito para habitar em você. Se você seguir *comigo*, eu lhe ensinarei o que fazer e vou ajudá-la quando estiver prestes a se desviar do caminho. Vou colocá-la na direção certa quando tomar a direção errada".

Não estou dizendo que depois disso nunca mais me senti culpada por alguma coisa. O que estou dizendo é que já não convivo com a culpa. Ela já não é um modo de vida para mim. Não permito que ela fique entre mim e Deus. Agora entendo que, se existe algo que me faz sentir distante dele, isso vem de *mim*, não do Senhor.

Sei que isso pode parecer a "centésima primeira lição da escola dominical" para você, mas foi uma grande revelação para mim. E foi o que me livrou. Conheci muitas pessoas que já participaram da "centésima primeira lição da escola dominical" e que ainda hoje não vivem um relacionamento tão satisfatório com Deus por insistir na culpa. E estou falando de cristãos comprometidos.

Não é isso que Deus tem para mim e para você. E certamente não é o que ele tem para nossos filhos.

O PERDÃO COMO MODO DE VIDA

Deus deseja que você e eu respiremos seu perdão. Que façamos dele nosso modo de vida. Deus é *perdoador* e *amoroso*. Ele escolheu nos perdoar, e Jesus morreu na cruz para nos garantir esse perdão. O que quero dizer é *que não temos de conviver com a culpa*, como muitas vezes ocorre. Aceite isso de alguém que é especialista em culpa: *Deus não quer que vivamos assim*, mas que sejamos livres. É isso o que ele deseja para nós e o que precisamos praticar com nossos filhos e ensinar-lhes.

Por mais que tentemos, todos nós cometemos erros. Não cumprimos a vontade de Deus em tudo o que pensamos e fazemos. A Bíblia diz: "não há um só justo na terra, ninguém que pratique o bem e nunca peque" (Ec 7.20). Justamente porque não somos perfeitas, porque nem sempre somos capazes de agir segundo a vontade e o ensino de Deus, é importante saber que Deus nos perdoa quando nos arrependemos. Mais que isso, precisamos viver o perdão, e lutar contra o sentimento de culpa.

Jesus nos garantiu isso.

Mais um sinal do amor de Deus

Não sei quantas de nós poderíamos dizer às pessoas conhecidas que, independentemente do que nos fizerem, as perdoaremos. Mas Deus diz isso a *você* e a mim. O perdão é uma das muitas maneiras que o Senhor tem de demonstrar seu amor por nós. Esse amor é tão grande que o perdão não só a liberta do passado, mas a libertará dos erros que vier a cometer no futuro. Deus sempre a perdoará quando se colocar em sua presença com o coração humilde e disposto a confessar.

Uma das melhores maneiras de receber o amor e o perdão de Deus é mediante a adoração. Louvá-lo por ser o Deus do perdão. *Quando adoramos a Deus, tornamo-nos capazes de receber o amor e o perdão de Deus, profundamente.*

O rei Davi fez algumas coisas terríveis, mas, ao ver-se confrontado com o pecado, tomou três decisões acertadas: ele se arrependeu, orou e adorou a Deus. Como consequência, Deus o perdoou, e a situação foi, por fim, reparada. Deus fará o mesmo por mim e por você.

Deus não está sentado lá no céu esperando o momento para nos atingir com um raio se não lhe obedecermos. Quando nos humilhamos diante dele, realmente arrependidas, o Senhor é rápido em perdoar, pois "Deus enviou o seu Filho ao mundo, não para condenar o mundo, mas para que este fosse salvo por meio dele" (Jo 3.17).

Quando confessamos, nos arrependemos e o adoramos, Deus é rápido em restaurar. Não importa quanto nos tenhamos desviado de seus caminhos ou nos distanciado dele, Deus nos receberá de volta.

Agora, pare e pense por alguns instantes. Quantas vezes você perdoou um comportamento inadequado ou alguma atitude incorreta de um filho quando ele reconheceu o erro e lhe pediu perdão? Muitas, eu acredito. Você o ama e quer o melhor para ele. Quanto mais Deus não fará por mim, por você e por eles!

O problema é que, quando se trata de nós, esquecemos que o perdão de Deus está sempre a nossa disposição. Em vez disso, assumimos a culpa. Pensamos que temos de *fazer* algo para compensar o que fizemos. Mas não podemos. Ele já o *fez*. Se, em seu coração, você não se sentir convicta do perdão, isso será um obstáculo para seu relacionamento com o Senhor, porque se sentirá incapaz de se achegar a ele. Então, aceite o perdão de Deus. Perdoe a si mesma.

Se você fez algo de errado, seja com relação a seus filhos e seu marido, seja com relação a qualquer pessoa ou situação, confesse agora e peça a Deus para ajudá-la a não voltar a cometer esse mesmo erro. Se você não fez nada de errado e está simplesmente sofrendo da "síndrome de culpa habitual", então levante um louvor a Deus e deixe que ele derrame a maravilhosa liberdade do perdão sobre você.

Louvar a Deus esconde um poder: enquanto o adoramos pela pessoa que ele é e o louvamos como o Deus do perdão, abrimos os canais do entendimento, do coração e da vida, o que nos capacita a receber e assimilar seu perdão.

Adorar é, portanto, não apenas um cântico; é um modo de vida. Não é só para musicistas e bons cantores; é para todos. Não dura só vinte minutos por semana. É uma atitude diária, que nos lembra da grandeza de Deus e de nossa dependência dele.

> Senhor, eu te adoro como o Deus de minha vida. Guardas meu coração e perdoas minha alma. Eu te louvo por enviares teu Filho para morrer por mim, a fim de que eu pudesse ser perdoada. Obrigada por perdoares minha iniquidade e não te lembrares mais de meus pecados (Hb 8.12). Sei que eu estava morta em meus pecados, mas tu me deste a vida em Cristo e me perdoaste de tudo (Cl 2.13). Sou grata porque nenhuma condenação há para quem anda com Jesus (Rm 8.1).
> Obrigada porque, independentemente de quanto eu me desvie de teus caminhos, tu sempre me receberás de volta quando eu me arrepender e clamar por teu perdão. Perdoa meus pecados hoje. Não quero que pecado algum se coloque entre nós. Purifica-me de tudo o que não provém de ti. Eu te louvo, ó Senhor, meu Perdoador e Redentor.

A CAMINHO DA RESTAURAÇÃO

Deixar de perdoar significa que você não desfrutará tudo o que Deus tem para você. Falta de perdão não condiz com a vontade de Deus. Além disso, que exemplo estará sendo para seus filhos? Lembre-se de que eles se espelham nas atitudes dos pais. Se lhes ensinar a não perdoar, como espera que a perdoem pelos erros que cometer contra eles? Como espera que eles tenham uma vida de paz e comunhão com Deus?

O primeiro passo para perdoar é *receber* o perdão de Deus, permitindo que essa realidade penetre no mais profundo de seu ser. Quando nos damos conta de quanto fomos perdoadas, é fácil compreender que não temos direito algum de julgar as pessoas. O fato de termos sido perdoadas de uma dívida tão grande já é por si um presente miraculoso. Como, então, podemos nos recusar a obedecer a Deus quando ele pede que perdoemos uns aos outros [nossos filhos!] como ele nos perdoa?

Recusamo-nos a obedecer quando focamos o pensamento na pessoa que nos ofendeu, em vez de focá-lo em Deus, que age de forma justa. O perdão é uma via de mão dupla: Deus perdoa você, e você perdoa as pessoas. O perdão de Deus é imediato e completo a partir do momento em que há confissão. Você deve liberar perdão imediato e total, quer a pessoa admita que errou quer não.

Perdoar é uma escolha. Baseamos nossa decisão não no que temos vontade de fazer, mas no que *sabemos* que é certo. Eu não tinha a menor vontade de perdoar minha mãe. Dessa forma, *escolhi* perdoar porque a Palavra de Deus diz: "Não julguem, e vocês não serão julgados. Não condenem, e não serão condenados. Perdoem, e serão perdoados" (Lc 6.37). E a melhor maneira de passar esse ensinamento aos filhos é praticá-lo: perdoe seus filhos, e eles a perdoarão. Por quê? Porque você os ama, e eles a amam.

Eu precisei entender que Deus amava minha mãe tanto quanto ele me amava. Ele ama *todas* as pessoas tanto quanto me ama. Ele ama o assassino, o estuprador, a prostituta e o ladrão. Ele odeia os pecados dessas pessoas tanto quanto odeia os meus e os seus. Ele odeia o assassinato, o estupro, a prostituição e o roubo tanto quanto odeia o orgulho, a fofoca e a falta de perdão. Podemos até tentar comparar nossos pecados aos de outras pessoas, mas para Deus não há diferença. O conceito mais importante a ser lembrado é que *o perdão não justifica o ofensor; ele liberta o ofendido.*

Perdoar a si mesma e a Deus

Apesar de ser crucial perdoar as pessoas, existem duas outras áreas que também requerem perdão. Uma delas é o *autoperdão*.

Tantas de nós pensamos: *Eu deveria ter conquistado isso; eu deveria ser mais assim; eu deveria ter realizado mais pela idade que tenho*. Eu era atormentada por esse tipo de pensamento até me conscientizar de que não sou perfeita. Ninguém é. Só Deus. Ele, apenas ele, é perfeito. Então, diga a si mesma: "_____(seu nome), eu a perdoo por não ser perfeita. E agradeço a ti, ó Deus, porque, neste momento, estás me tornando o que me criaste para ser".

Precisamos nos perdoar pelos erros que cometemos, principalmente pelos erros cometidos contra nossos filhos. Antes de conhecer o Senhor, desperdicei minha vida nas drogas, envolvendo-me com ocultismo e em relacionamentos não saudáveis. Quando finalmente consegui me perdoar, percebi que Deus poderia usar para sua glória até mesmo essas experiências. Hoje posso ministrar a mulheres que cometeram esses mesmos erros, e elas percebem que, se ele me ajudou a superá-los, também as ajudará.

Mas não se trata de perdoar apenas a si mesma e aos demais, se no fundo não for preciso *perdoar a Deus*. Se você está com raiva dele, diga-lhe: "Deus, eu estou com raiva de ti desde o dia em que meu filho querido morreu naquele acidente" ou "desde o dia em que meu bebê nasceu morto" ou "desde o dia em que meu filho se tornou incapaz pelo acidente que sofreu, perdendo a oportunidade de ter uma vida normal, como ele sonhou e como eu sonhei para ele".

Seja honesta. Você não vai ferir o ego de Deus. Libere perdão e se dê o direito de chorar. As lágrimas conduzem ao processo de libertação e cura. Diga: "Senhor, eu confesso que está doendo, que sinto raiva. Reconheço a dureza de meu coração por ti. Neste momento quero eliminar o rancor contra ti".

O perdão é um processo, pois, uma vez perdoadas as ofensas do passado, o presente traz novas situações em que ele se faz novamente necessário. Nenhuma de nós escapa de ter o orgulho arranhado ou de ser manipulada, ferida ou magoada por alguém. Quando isso acontece e deixamos de confessar e lidar com a situação diante do Senhor, uma cicatriz é impressa na alma. Quando não perdoamos, ficamos separadas das pessoas que amamos. Elas conseguem sentir a falta de perdão, ainda que não consigam identificá-la, gerando constrangimento e distanciamento.

Talvez você esteja pensando: "Eu não preciso me preocupar com isso, pois não deixei de perdoar ninguém". Mas o perdão também se refere a deixar de ser crítica de outras pessoas. Devemos lembrar que o jeito de ser de cada um está relacionado com seu passado. Eu comecei a perdoar verdadeiramente minha mãe quando descobri sua infância difícil e os problemas que ela havia enfrentado ao entrar na fase adulta.

Todas nós precisamos nos lembrar de que Deus é o único que conhece o coração e os detalhes mais específicos de nossa vida. É por isso que não temos o direito de julgar. Quando nos deixamos acorrentar pela falta de perdão, somos impedidas de receber cura, alegria e restauração.

Viver o futuro que Deus tem para você requer que se liberte das coisas do passado. Seus filhos precisam disso. Seu marido precisa disso. Você precisa disso.

PARTE DOIS

*Ore por
seu marido*

CAPÍTULO 6

Para que ele seja um companheiro bom e fiel

A sociedade não pressiona apenas as mulheres, como vimos, mas também espera muito dos homens, ainda que de maneira diferente. A maior pressão está na responsabilidade por sustentar a família. A esposa pode até ajudar nessa tarefa, mas as expectativas maiores recaem sobre ele. A cobrança por um salário melhor, por uma posição mais elevada na empresa, pela especialização em sua área de atuação é muito maior do que ocorre com a esposa, ainda que esta seja a responsável por sustentar a família financeiramente. Se ela não ganhar muito dinheiro, não receber uma promoção ou não se destacar em sua área, ninguém vai se decepcionar com ela. A recíproca, porém, não é verdadeira.

Tudo isso gera uma forte pressão psicológica para o homem. Ele sente que não pode falhar, não pode fraquejar, não pode desistir. Tem de ser um super-homem, 24 horas por dia. Ninguém é capaz de ser isso tudo o tempo todo. Às vezes, as pessoas esquecem que o homem é também um ser humano, sensível, com limitações e temores.

A cobrança, contudo, não vem só da sociedade. O homem, por seu lado, também exerce forte autocobrança. Na maior parte das famílias, ele foi ensinado a ser duro e jamais chorar (afinal "homem não chora"). Seu desempenho deve ser sempre o melhor, e ele se sente fracassado quando não consegue dar conta do recado.

Bem, não foi assim que Deus nos criou para ser. O homem deve ser o cabeça, sim, mas ele é humano, como a mulher. Unindo forças, podem realizar muito mais. Por isso, não permita que seu marido afunde em depressão caso os negócios não estejam indo tão bem assim. Mostre-lhe quão importante ele é para você e seus filhos. Orem juntos. Peçam a Deus que os oriente. Seu marido não precisa tentar ser um super-homem.

Unidos pelo casamento

Ao se unirem, homem e mulher trazem para dentro do casamento experiência, hábitos, características de personalidade, memórias, ideias preconcebidas e ambições pessoais. A vida a dois exige comunicação clara, comprometimento e mútua sujeição. Quando nos casamos, temos de aprender a ceder, a ser mais compreensivos e a negociar as circunstâncias. E isso tudo, para o recém-casado (e não só para ele) é uma tarefa e tanto.

Deus sabe disso. O que ele deseja é que, através do casamento, nos realizemos plenamente, o que só ocorre quando vivemos segundo o amor de Cristo por nós. Por isso, a comunicação entre o casal depende da comunicação entre o marido e o Pai. E é algo muito poderoso orar especificamente por nosso marido. Deus sempre nos ouve e considera cada palavra que colocamos diante dele. No Senhor, encontramos a oportunidade de desativar as armadilhas do Inimigo, que deseja destruir o que Deus uniu e abençoou.

Todas nós (e certamente eles também) gostaríamos de mudar algumas coisas no cônjuge. Mas não há como fazê-lo senão pela oração. Sem ela, estaremos baseando o sucesso de nosso casamento na própria sabedoria e nos próprios esforços, o que acaba se revelando uma grande armadilha. Não se trata, contudo, de não nos esforçarmos, de não refletirmos e usarmos de sabedoria nas decisões. Isso é fundamental, claro. O problema é basear *tudo apenas* em *nossa* sabedoria. Se não dependermos de Deus, se não orarmos, se não colocarmos *tudo diante dele*, estaremos à deriva. E deixaremos de usufruir os recursos maravilhosos que o Pai nos reserva para termos um casamento bem-sucedido.

Ao longo de meu casamento com Michael, testemunhei respostas miraculosas de orações. Quanto mais compreendo como ele é diretamente beneficiado por minhas orações (e eu pelas dele), mais compreendo como Deus usa essas orações para o crescimento de minha fé e para a transformação de nossa vida e, consequentemente, de nosso casamento.

Em palestras que realizo em todo o país, tive a oportunidade de falar a milhares de mulheres e conversar pessoalmente com centenas delas, em cada cidade que visitei. Ouvi sobre seus profundos anseios de ter um relacionamento melhor com o marido e de ver seu casamento bem-sucedido, uma fonte de realização e alegria para todos os envolvidos. Para mim, a parte mais animadora foi ver que, ao aprenderem a orar pelo marido segundo o desejo de Deus, essas mulheres receberam grandes respostas de oração.

Creia. A oração é o caminho. E, não se engane, os homens também desejam orar. Recebi muitos pedidos, de homens, para escrever meu livro *O poder do marido que ora*.

Não permitam que a vida enverede pelo caminho das lutas e do sofrimento por fazer as coisas na carne, não no Espírito. Não queiram mudar um ao outro pelas próprias forças, em vez de confiar no poder de Deus para realizar essa transformação. As consequências não serão nem um pouco agradáveis, pois a raiva acabará sendo a arma para controlar sua vida, e o resultado será o afastamento um do outro.

Creia-me, pois passei por isso. É claro que eu tinha minha oração curta favorita da qual sempre lançava mão nessas circunstâncias: "Muda-o, Senhor!". Então, durante um período de grandes lutas entre nós, quando não podia mais suportar, clamei desesperadamente ao Senhor pedindo ajuda. E Deus colocou em meu coração que, se eu estava disposta a dedicar minha vida para orar por Michael, ele poderia me usar para ajudar Michael a ser tudo o que ele o havia criado para ser.

A fim de fazê-lo, no entanto, eu precisava permitir que Deus me desse um coração novo e precisava começar a ver Michael do ponto de vista de Deus. Quando concordei com isso e aprendi a orar por meu marido como o Senhor estava me mostrando, comecei a compreender a fonte da raiva que ele extravasava.

Não será diferente com vocês, se insistirem nesse caminho.

O PODER E A AUTORIDADE

Embora seu marido tenha autoridade, concedida por Deus, sobre você, isso não quer dizer que ele deva controlá-la, até porque isso, na prática, não ocorre. Deus não deseja que controlemos uns aos outros, mas que permitamos que *ele* nos controle. Assim, ele poderá trabalhar por intermédio de ambos, como instrumento de seu poder, enquanto oramos um pelo outro.

O poder de sua oração pertence a Deus. Quando você ora por seu marido e ele por você, estão convidando Deus a exercer seu poder divino sobre a vida de ambos. Sua oração lhes confere capacidade de ouvir melhor a voz de Deus e responder à sua orientação. Mas lembre-se: Deus jamais agirá contra a sua vontade ou contra a vontade de seu marido. Se vocês decidirem viver fora da vontade de Deus, ele permitirá que sigam esse caminho. Assim, apesar de as orações serem poderosas na vida de ambos, há um limite para aquilo que podem realizar se a sua vontade ou a de seu marido for contrária à vontade de Deus.

> *Esta é a confiança que temos ao nos aproximarmos de Deus: se pedirmos alguma coisa de acordo com a vontade de Deus, ele nos ouvirá.*
>
> 1João 5.14

Deus deseja que oremos sobre todas as coisas, e que o façamos de acordo com a vontade dele. Por isso é importante pedir que Deus lhes revele sua vontade e os ajude a orar de acordo com ela. Assim como não podemos forçar o cônjuge a fazer o que desejamos, tampouco podemos impor a Deus nossa vontade. É a vontade *dele* que deve ser feita, não a nossa.

Se deixarmos o relacionamento conjugal nas mãos do acaso, haverá muito mais momentos difíceis. Será muito mais complicado enfrentar e resolver desacordos e mal-entendidos. Sem oração e sem a orientação de Deus, lidar com mágoa, egoísmo e dureza de coração é quase impossível. As coisas acabarão se complicando.

Se a falta de tempo, o excesso de trabalho, a falta de perdão, as lutas, a criação dos filhos, a carreira, a diferença de interesses, o tédio ou a má comunicação se infiltrar entre você e seu marido, Deus pode agir através de sua oração. Ele derrubará a barreira que os separa, unindo-os mais uma vez. A oração lhe concederá esperança de que Deus redima, restaure e endireite as coisas. Orar por seu marido não apenas transformará o coração dele, mas também o seu.

O COMPANHEIRO QUE VOCÊ DESEJA

Transformar seu casamento talvez não seja uma tarefa tão complicada quanto você possa estar imaginando. Temos a tendência de achar que tudo o que se refere ao outro é complicado e que a solução é quase impossível de encontrar. De fato, as relações interpessoais (em especial no casamento) não são muito simples. As pessoas pensam e agem diferentemente umas das outras. O importante para você talvez não seja tão importante para seu marido, e vice-versa. E essa é uma das grandes fontes de conflitos dentro do casamento.

Há, entretanto, algumas ações que podem ajudar muito a solucionar ou a dar bom andamento a situações de conflito. Elas podem mudar sua vida, a de seu marido e, por consequência, mudar seu casamento. Podem transformar seu cônjuge no homem e companheiro que Deus quer que ele seja, e transformar você na esposa que ele deseja, e que Deus a criou para ser. Orem em prol de cada uma das sugestões a seguir.

Sejam um em ânimo e espírito

A última coisa que qualquer casal deseja é ter conflitos no casamento. Eles trazem grande sofrimento ao casal e aos filhos, interferindo em todas as áreas da vida. Costumo dizer que, das experiências que vivemos aqui na terra, o quadro conflituoso é o mais parecido com o inferno. Dependendo de quanto tempo o conflito dure, pode destruir tudo o que o casal tanto lutou para conseguir. Jesus disse: "Todo reino dividido contra si mesmo será arruinado, e toda cidade ou *casa dividida contra si mesma não subsistirá*" (Mt 12.25, grifos da autora).

Marido e esposa pagarão alto preço se decidirem viver de modo completamente independente um do outro. Paulo nos adverte que "no Senhor [...], a mulher não é independente do homem, nem o homem independente da mulher" (1Co 11.11). Apesar disso, e com base na diferença que há entre os dois, não é tão difícil tomarem caminhos totalmente diversos.

Mesmo no casamento em que haja grande intimidade, e esse pode ser o seu caso, tenha em mente que se trata de duas pessoas com interesses e atividades diferentes. Isso, contudo, não tem de ser, necessariamente, fator impeditivo de união e harmonia. A oração mútua e regular os manterá em sintonia e no mesmo rumo. Sem essa unidade de ânimo e espírito que a oração oferece, é muito fácil acostumar-se com a ausência do outro. Além disso, se o ressentimento oriundo dessa ausência se infiltrar no coração de qualquer um dos dois, um começará a manter o outro afastado mental, física e emocionalmente, sem sequer percebê-lo. E isso será devastador para o equilíbrio e o bem-estar da família. Como manter a união familiar se ela não existir entre o casal?

É muito importante, também, que ambos compartilhem a mesma fé e as mesmas crenças. Aliás, esse é um ponto de partida para começar a orar. Seu relacionamento ficará comprometido se não estiverem em sintonia nessa área. Frequentar igrejas diferentes, por exemplo, ou uma igreja em que um dos dois não deseje frequentar, ou um ser frequentador assíduo e o outro não, tudo isso promove falta de unidade. Isso sem dizer que ficarão divididos no momento de conduzir os filhos à igreja.

Se você consegue se lembrar de outros assuntos como esse que causaram divisão entre você e seu marido, ore especificamente sobre isso. Peça a Deus que mude seu coração, ou o de seu marido, naquilo que é necessário para que vocês possam ser um.

Sejam amigos
Jesus nos ama com fidelidade, pureza, constância e paixão, independentemente de nossa imperfeição. Se o marido não ama a esposa dessa maneira, abusará de sua autoridade e liderança. Se você e seu marido forem um, desenvolverão um tratamento mútuo de amor, amizade, atenção, respeito. Nenhum dos dois fará nada, propositadamente, para ferir o outro.

Se não forem amigos, cúmplices, como ensinarão amizade a seus filhos? Como eles poderão desenvolver relacionamentos de amizade entre os próprios irmãos, com outros familiares, com as crianças na escola, no condomínio, na igreja. O exemplo vem de casa.

Jack Hayford, nosso pastor durante 23 anos, sempre falava que sabia quando uma mulher era verdadeiramente amada pelo marido, pois ela ficava mais bonita à medida que o tempo passava. Ele reconhecia a beleza interior que, com o tempo, se intensifica.

Maridos, vocês não fazem ideia de quão significativo é seu amor para sua mulher. O marido nunca deve reter esse amor, pois acabará perdendo a esposa, ainda que ela permaneça na mesma casa. O desamor afasta as pessoas; portanto, peça a Deus que capacite você e seu marido a demonstrar o amor que sentem um pelo outro.

Tenham misericórdia um do outro

Há alguma coisa que seu marido faça ou diga (ou não faça ou não diga) que a incomode ou irrite? Você gostaria de mudar algo nele? O que acontece quando tenta forçar essas mudanças? Como ele reage quando você demonstra irritação? Você já desistiu, dizendo: "Não adianta. Ele nunca vai ser diferente"?

Mudar não é nada fácil. Para ninguém. Por mais que tentemos, não podemos transformar-nos do modo como gostaríamos. Trata-se de uma tarefa que só Deus pode executar. Podemos até mudar por alguns dias ou até semanas, mas, depois, tudo volta ao que era. Só Deus pode produzir em nós mudanças perenes. Só o poder dele pode nos transformar verdadeiramente.

Se só ele é capaz de realizar mudanças permanentes em nós, o que temos de fazer é *orar*. Com isso, não só estaremos no único caminho possível para a transformação do cônjuge (esposa ou marido), mas usando de misericórdia para com ele.

Sejam humildes

Ser mãe pode ser uma tarefa bem extenuante. Todas nós temos dias difíceis e, particularmente neles, coisas que relevaríamos sem dificuldades em momentos normais não o fazemos nesses. Então, falamos com o cônjuge de modo grosseiro ou ríspido. Mas você gostaria de ser tratada com rispidez? Claro que não.

Não estou querendo dizer que sempre devemos estar felizes e que jamais usaremos de indelicadeza. Não seria humano, afinal todos somos falhos, pecadores, e nem sempre conseguimos controlar as emoções. Perfeitamente normal. Contudo, se lançamos mão de rudeza para com o marido, e vice-versa, devemos ser humildes para, em primeiro lugar, orar pedindo perdão a Deus e, em seguida, pedir perdão ao cônjuge. Isso não só é saudável para a relação conjugal, mas também para o relacionamento familiar. Se, como mães e pais, formos humildes para reconhecer erros, para pedir e oferecer perdão, ensinaremos humildade a nossos filhos — um dos pilares do equilíbrio emocional do ser humano — para reconhecerem erros, para pedirem e oferecerem perdão.

Um companheiro de oração

A mulher que tem um companheiro que ore *por* ela e *com* ela é certamente privilegiada. Toda mulher cristã deseja isso para sua vida. Estas palavras de Jesus podem ser aplicadas ao casal: "Também lhes digo que se dois de vocês concordarem na terra em qualquer assunto sobre o qual pedirem, isso lhes será feito por meu Pai que está nos céus" (Mt 18.19). Se um só pode perseguir mil, e dois podem afugentar 10 mil (Dt 32.30), então há grande poder em orar juntos.

Assim, ore ao Senhor para que seu marido se torne um companheiro de oração sempre constante e fiel. Persiga esse alvo. Ter esse tempo especial com seu marido é de valor inestimável. E se ele não for cristão, ore pela sua conversão, pois, uma vez pertencendo ao Senhor, ele poderá se tornar esse companheiro de oração.

Ore pela transformação constante de seu marido

Ainda que seu casamento seja maravilhoso, há sempre algumas coisas que não são assim tão maravilhosas. À medida que vocês dois crescerem individualmente, o casamento se tornará ainda melhor. Em contrapartida, se não é o que você esperava, tenha paciência e confie no Senhor. Se você deseja ardentemente que seu marido se transforme no homem que Deus o criou para ser, então ore por isso.

Deus concedeu aos homens força, inteligência, poder, autoridade e outras características que o tornam homem. Ao orar por ele, peça a Deus que ajude seu cônjuge a usar todo o seu potencial para a glória daquele que o criou. Ore para que seu marido seja uma pessoa digna de confiança em todas as áreas da vida: nas finanças, no relacionamento familiar e conjugal, no relacionamento com Deus e em tudo a ele relacionado etc.

Não permita que experiências negativas do passado minem sua confiança no poder transformador do Senhor sobre a vida de seu marido. Seja o que for que tenha acontecido, isso pode ser curado pela oração. Todos nós somos capazes de mudar. A oração é uma arma poderosa de transformação pessoal. Se não sabe como fazê-lo, experimente começar desta forma:

> Senhor, mostra a meu marido em que pontos suas atitudes e seus pensamentos não condizem com o que desejas, especialmente em relação a mim e a nossos filhos. Convence-o quando estiver contrariando teu propósito para ele. Ajuda-o a abrir mão de tudo o que for prejudicial ao nosso casamento. Se há nele comportamentos que precisam ser mudados, capacita-o para realizar mudanças duradouras.

Ajuda-o a ver seus pecados e a confessá-los a ti. Torna-o um homem segundo o teu coração. Capacita-o para ser o líder do nosso lar, conforme ele foi criado por ti.

Senhor, concede-lhe paciência, compreensão e compaixão. Capacita-o para me amar como tu me amas. Renova nosso amor um pelo outro. Cura as feridas que nos têm afastado um do outro. Ajuda-o a ser o homem e o marido que desejas que ele seja. Oro assim no nome santo de Jesus, teu Filho. Amém.

No momento certo, você verá o mover de Deus sobre seu marido e o resultado de suas orações. Continue a confiar no Senhor.

CAPÍTULO 7

Para que ele seja bom pai

Quando pedi a meu marido que me falasse sobre os seus temores mais profundos, uma das coisas que ele mencionou foi o medo de não ser bom pai. Ele disse: "Creio que é algo que os homens em geral tendem a sentir". Os homens ficam tão envolvidos com o trabalho que temem não ter feito o que deviam para os filhos. Ou têm medo de não fazer as coisas suficientemente bem, ou de deixar de fazer algo. O temor aumenta quando se trata de adolescentes. O pai receia não saber se comunicar com eles por se julgarem velhos, ultrapassados ou irrelevantes, ainda mais nessa era tecnológica, em que os filhos parecem saber lidar melhor com os aparatos do que os próprios pais.

O exercício da paternidade é realmente um grande desafio para muitos homens. E vi isso no meu marido. A pressão começa na necessidade de ser bom marido. Além disso, deve dar conta de todas as demandas próprias a sua condição de provedor do lar e chefe de família. Em outras palavras, precisa se desdobrar para atender todos. Há uma grande imposição latente para que os homens sejam bem-sucedidos, e não há sentimento mais profundo de fracasso para eles que o sentimento de não estar correspondendo às próprias expectativas e às dos outros, sobretudo às dos filhos. Todos os homens que conheço querem se envolver mais com a vida dos filhos e se sentem culpados quando o trabalho ocupa muito de seu tempo. Parece um beco sem saída.

Fiquei comovida com a declaração de meu marido e resolvi orar para que ele fosse bom pai. Creio que minhas orações fizeram alguma diferença porque se tornou mais paciente com os filhos e menos inseguro quanto a suas habilidades de pai. Foi ficando cada vez menos tenso e mais capaz de se alegrar com eles. O sentimento de culpa diminuiu e passou a agir com mais tranquilidade quando era preciso discipliná-los, além de ser mais capaz de incutir sabedoria na vida deles. Meu marido percebe, agora, que qualquer falha de nossos filhos não significa, necessariamente, reflexo de seu valor como pai.

Sensação de fracasso e incapacidade leva muitos pais a desistirem, a deixarem a família, a se tornarem prepotentes por excesso de esforço ou a desenvolverem uma atitude passiva, permanecendo em segundo plano na vida dos filhos. Isso pode ser especialmente esmagador para um homem que já se sinta fracassado em outras áreas.

As mães também se sentem oprimidas pela sensação de incapacidade. No entanto, o número de mães que abandona, ignora ou magoa os filhos é menor que o de pais porque, desde o momento da concepção, estabelecemos um elo com os filhos. Temos a oportunidade de dar-lhes muito de nós mesmas. Nós os carregamos no útero, os amamentamos e cuidamos deles quando recém-nascidos, e mais tarde orientando-os e ensinando-lhes a lidar com as circunstâncias.

Os pais não têm esse privilégio e muitas vezes sentem como se estivessem do lado de fora, tentando entrar. Se, ao mesmo tempo, estiverem gastando muito tempo e muita energia na consolidação da carreira, estarão mais propensos a sentir-se excluídos e inúteis. Um agravante pode ser ainda o fato de que em geral os homens não recebem elogio nem reconhecimento suficientes por seu esforço em oferecer à família um lugar estável e seguro.

Tudo isso apenas comprova quão necessárias são as orações da esposa pelo marido, não só para que ele seja bom companheiro, mas também bom pai. Nossas orações podem ajudá-los a lidar com essas pressões. Você já teve alguém que orou em seu favor quando não conseguia pensar direito e, depois de essa pessoa ter orado, tenha passado a ver com clareza? Experimentei isso incontáveis vezes. Acredito que isso também pode acontecer com nosso marido quando oramos por seu desempenho como pai. Se ele estiver torturado pela dúvida, sentindo o peso da responsabilidade, poderemos minimizar esse sentimento com nossas orações.

Ser bom pai envolve, portanto, muitos desafios. Assim, quando você levar isso tudo a Deus, em oração, certamente ajudará seu marido a ser bom pai. Mais que isso: a ser um pai segundo o coração de Deus, o Grande Pai Celestial.

Um pai presente

A presença de um homem em casa é de importância vital. Mais importante do que provavelmente nos apercebamos. A presença do marido em casa concede à esposa e aos filhos sensação de segurança, força e amor. Quando o pai dedica alguns minutos de atenção exclusiva aos filhos, olhando nos olhos de cada um, conversando de maneira encorajadora sobre o dia a dia deles e seus desafios, os filhos se sentem valorizados. O homem nem sempre faz ideia de como é importante sua aprovação para a própria família.

Essa visão do pai presente pode ser percebida claramente em Deuteronômio 6.5-7:

> *Ame o* Senhor, *o seu Deus, de todo o seu coração, de toda a sua alma e de todas as suas forças. Que todas estas palavras*

que hoje lhe ordeno estejam em seu coração. Ensine-as com persistência a seus filhos. Converse sobre elas quando estiver sentado em casa, quando estiver andando pelo caminho, quando se deitar e quando se levantar.

O pai presente fará o que diz o texto bíblico: aproveitará o tempo para conversar com os filhos, e para isso se valerá de momentos quando estiver "sentado em casa", "andando pelo caminho", ao "se deitar" ou "se levantar". Um pai presente pode ensinar aos filhos valores eternos, valores que marcarão perene e positivamente a vida deles. Portanto, enganam-se os pais que pensam existir apenas para prover os filhos de bens materiais. A influência do pai jamais deve ser subestimada.

Um pai que ora por seus filhos

Orar para que seu marido seja bom pai inclui pedir ao Senhor que ele desenvolva e mantenha o hábito de interceder pelos próprios filhos. Ele pode não ter todo o tempo que deseja para estar ao lado deles, mas pode aproveitar vários momentos para orar *por* eles. É claro que orar por eles não substitui o tempo de estar *com* eles. Já falamos sobre a importância da presença do pai. Orar é, portanto, uma maneira de o pai estar mais envolvido diariamente com a vida dos filhos e ainda prover a suas necessidades como ele gostaria.

O hábito da oração também vai ajudar o pai em longas ausências, como ocorre em viagens de negócios, por exemplo. Antes de sair, o pai poderá perguntar-lhes se desejam que ele ore por algo específico. Os filhos sentirão a presença do pai e a presença de Deus. É uma dinâmica poderosa! Vale a pena orar por isso.

Seu marido também se sentirá mais motivado se você orar com ele. Isso o ajudará muito em seu papel de pai. Lembre-se de Mateus 18.19: "Também lhes digo que se dois de vocês concordarem na terra em qualquer assunto sobre o qual pedirem, isso lhes será feito por meu Pai que está nos céus". De fato, há grande poder em orar pelos filhos junto com o marido. Partilhe com ele algo que tenha percebido em cada um deles. Se você fica mais tempo com os filhos, certamente percebe coisas que ele talvez não tenha tempo de notar, como suas lutas, fraquezas e forças. Seu marido deve tomar conhecimento de tudo o que você vivencia ao lado dos filhos.

A mulher também sente grande paz, confiança e alegria ao saber que o marido ora por ela e pelos filhos. A fim de ajudá-lo, você pode pedir que ele ore para que você e ele:

1. Sejam guiados por Deus ao criar os filhos.
2. Tenham paciência com cada um deles.
3. Tenham sabedoria ao discipliná-los.
4. Ensinem bem os filhos sobre o Senhor.
5. Saibam como orar por eles individualmente.
6. Sejam obedecidos e respeitados.
7. Sejam considerados pais abençoados.

E quanto aos filhos, para que:

1. Cresçam na graça e no conhecimento do Senhor.
2. Sejam pessoas de caráter.
3. Deem bom testemunho diante de Deus e dos homens.
4. Resistam às tentações.
5. Sejam obedientes e respeitadores.
6. Escapem das ciladas do inimigo de nossa alma.
7. Sejam bem-sucedidos na vida.

Se seu marido não tem essa prática diária, além de orar por ele nesse sentido, conscientize-o de que o tempo que ele passa orando por você e pelos filhos vale muito mais do que o dinheiro que ele venha a receber ao longo de toda a vida pelo trabalho que faz. Na verdade, essa ligação espiritual com os filhos não tem preço. Sempre que vocês orarem por eles, estarão investindo em seu futuro e acumulando tesouros no céu.

Um pai semelhante ao Pai celestial

Eis um ideal que todo pai deve buscar incessantemente: assemelhar-se ao Senhor. Trata-se, porém, de um processo de longa duração. Ore sempre para que o caráter de seu marido seja moldado segundo o caráter do Pai celestial. Isso é muito importante para moldar o caráter dos filhos. A oração pode levar seu marido a obter uma clara perspectiva do significado de ser um pai semelhante ao Senhor. Mais ainda, pode abrir a porta para a orientação do Espírito Santo sobre como lidar com os desafios que surgem nessa missão de pai.

Lembro-me de um episódio em que apanhamos nosso filho, Christopher, então com cerca de 7 anos, numa mentira. Sabíamos que era preciso tratar do assunto, mas além de um coração arrependido queríamos que ele nos contasse toda a verdade. Ele não fez nada disso.

Naquele momento, Michael queria dar-lhe uma lição, mas não sabia o que fazer e me pediu que orasse. Enquanto eu orava, as coisas se tornaram muito claras para meu marido. Com Chris observando, Michael desenhou um triângulo com uma figura de Satanás, Deus e Christopher, cada um numa das pontas. Então começou a explicar para nosso filho qual era o plano de Satanás e o plano de Deus para ele. Ilustrou como a mentira faz parte do plano de Satanás, e mencionou que era esse plano que Chris estava seguindo. Em seguida, descreveu em detalhes as consequências de aceitar o plano de Satanás — que significava afastar-se de Deus. Isso abalou de tal modo o menino que ele não suportou e confessou a mentira com o coração completamente arrependido.

Michael está certo de que minhas orações fizeram toda a diferença naquela ocasião. Disse que sabia que, sem esse quadro claro enviado por Deus, ele não teria sido capaz de tocar o coração do filho como precisava.

A melhor maneira de ser um bom pai é conhecer o seu Pai celestial e aprender a imitá-lo. Quanto mais tempo seu marido passar na presença do Senhor, sendo transformado à semelhança dele, tanto maior influência terá quando estiver com os filhos. Ele terá um coração de pai porque compreende o coração do *Pai*. Essa compreensão talvez possa ser difícil se seu marido não tiver um bom relacionamento com seu pai terreno. A maneira como o homem se relaciona com o pai geralmente afeta sua relação com Deus Pai. Se foi abandonado por aquele, pode sentir-se abandonado por este. Se seu pai era distante ou pouco afetuoso, pode ver Deus como distante e indiferente. Se duvidava do amor do pai, pode ficar também zangado com Deus Pai. Os eventos do passado relacionados ao pai podem servir de barreira para o real conhecimento do amor do Pai. Tudo isso se refletirá em sua relação com os filhos.

Se esse é o caso de seu marido, ore para que ele venha a compreender melhor o amor de Deus e seja curado de quaisquer mal-entendidos, mágoas e ressentimentos que lhe subsistam no coração e na mente. Onde o pai falhou e ele culpou Deus, peça ao Senhor que cure a mágoa. A Bíblia diz: "Se alguém amaldiçoar seu pai ou sua mãe, a luz de sua vida se extinguirá na mais profunda escuridão" (Pv 20.20).

A não ser que perdoe o pai, seu marido ficará nas trevas e não saberá como ser bom pai para os filhos. A relação pode ser corrigida mesmo que o pai dele já não viva, pois o que importa é o que está no coração do seu marido quanto ao próprio pai. Ore para que ele tenha a atitude certa para com o pai terreno, a fim de que nada impeça sua relação com Deus Pai. Se for bem-sucedido, não poderá haver sucesso maior em sua vida. Então, nunca pare de orar por ele:

> Senhor, ensina (*nome do marido*) a ser bom pai. Orienta-o naquilo que estiver em desacordo com a tua santa vontade e ajuda-o a superar suas dificuldades de amar, perdoar etc. Semeia em seu coração a vontade de conhecer-te como seu Pai celestial. Leva-o a aproximar-se cada vez mais de ti e a passar tempo em tua presença para tornar-se mais semelhante a ti e compreender teu coração de Pai, sempre cheio de compaixão e amor por ele. Faze que seu coração nutra esse mesmo tipo de sentimento para com seus filhos. Ajuda-o a equilibrar misericórdia, juízo e instrução como tu fazes. Embora exijas obediência, reconheces logo um coração arrependido. Faze que ele também seja assim.
>
> Mostra-lhe quando e como deve disciplinar e ajuda-o a ver que quem ama o filho cedo o disciplina (Pv 13.24). Que ele nunca provoque seus "filhos à ira, mas os crie na disciplina e na admoestação do Senhor" (Ef 6.4). Que ele possa inspirar os filhos a lhe darem honra como pai, para que a vida deles possa ser longa e abençoada.
>
> Oro, ainda, para que sejamos unidos nas regras que impomos a nossos filhos e estejamos de acordo sobre como eles devem ser educados. Capacita-nos a modelar neles um andar de submissão a tuas leis. Que meu marido possa alegrar-se nos filhos, pois ser bom pai é algo que ele deseja muito. Oro para que lhe concedas o desejo do seu coração e o faço no nome santo de Jesus, teu Filho. Amém.

CAPÍTULO 8

Para que você e seu marido eduquem os filhos em concordância

Cuidar dos filhos e educá-los não é tarefa fácil. Cabe à mulher, em geral, desempenhá-la. Ela fica a maior parte do tempo com as crianças e, mesmo quando tem de trabalhar fora, desdobra-se para cumprir o que lhe parece ser sua tarefa mais importante. Não importa quão bem-sucedida seja na vida profissional, sempre cobrarão dela seu desempenho como mãe. Isso gera um peso enorme sobre a mulher, o qual pode ser aliviado com a participação mais presente e ativa do marido.

Naturalmente, os filhos interferem na vida dos pais em razão do tempo que estes devem dedicar àqueles. Essa interferência é ainda maior quando são bem menores. Mas aprendi que os maiores conflitos não surgem nos primeiros anos de vida dos filhos, mas na fase complicada da adolescência, quando os problemas são muito mais complexos. Em todas essas fases, porém, pode surgir um grave problema: alguns pais ou mães se concentram tanto nos filhos que não lhes resta tempo para dedicar ao cônjuge. Ora, Deus deseja que amemos nossos filhos e cuidemos deles com todo o empenho, mas não devemos adorá-los como ídolos.

Existe uma linha tênue entre um extremo de cuidar dos filhos e alimentá-los, para terem boas oportunidades na vida, e o outro extremo de transformá-los em obsessão a ponto de prejudicar o casamento. Se um dos cônjuges permitir que o outro se sinta desprezado, desnecessário ou irrelevante, o casamento será abalado. Os conflitos podem ser tão sérios que, se nenhum dos cônjuges acordar para os danos, o casamento pode terminar em divórcio. E as consequências de um casamento desintegrado refletem diretamente nos filhos.

O cuidado e a educação dos filhos não precisam se transformar em problema. Se marido e esposa dividirem a responsabilidade, haverá mais aproximação entre ambos, e os filhos ganharão um lar mais harmonioso e menos estressado. Aprendi que a melhor maneira de criar os filhos e evitar que exerçam pressão sobre nós é orar por eles em todas as fases da vida. Em meu livro *O poder dos pais que oram*, apresentei trinta modelos de oração pelos filhos, para que sejam protegidos, sintam-se amados e aceitos, mantenham bom relacionamento com a família, tenham amigos tementes a Deus e de vida exemplar, sintam desejo de aprender, tenham firme disposição, não sejam dominados pelo medo, não se envolvam com drogas, cresçam na fé e se transformem na pessoa que Deus planejou para eles. Não é necessário ser supermãe nem superpai para orar dessa forma pelos filhos, o que elimina a pressão no casamento. É muito bom o casal orar *junto* pelos filhos, mas a oração de um só também proporciona ótimos benefícios.

Todos nós precisamos da sabedoria divina para encontrar o ponto de equilíbrio. Por isso, se você e seu marido não estão harmoniosamente unidos na tarefa de educar seus filhos, é hora de você colocar esse assunto em oração. Para ajudá-la, veja a seguir algumas sugestões de temas para incluir nas orações por seu casamento e pela criação dos filhos, focando sobretudo a participação ativa de seu marido.

Concordância quanto à disciplina dos filhos

As decisões quanto à disciplina dos filhos devem ser tomadas pelo casal, juntos. Se for unilateral, haverá problemas. Se um for rígido e o outro, tolerante, haverá problemas. Se há divergências entre você e seu marido quanto a esse tema, ore para que consigam chegar a um denominador comum quanto antes. Peça a Deus sabedoria e harmonização de ideias. Se *você* se recusar a discipliná-los, forçará seu marido a ser o carrasco, e ele se cansará de ser o carrasco enquanto você passa a mão na cabeça do filho.

Não se engane considerando esse assunto irrelevante. Uma situação como essa, se não corrigida, acaba por abalar o alicerce de qualquer casamento, enfraquecendo-o ou mesmo destruindo-o. Sei de muitos casamentos rompidos por causa dessa situação tão séria. Lembro-me em especial de um em que o casal se divorciou quando o marido, na visão da mulher, foi muito condescendente ao descobrir que os filhos haviam experimentado drogas. Para ela, essa condescendência poderia ser prejudicial para o futuro deles; para ele, entretanto, ela fora excessivamente rígida, pensando mais no ato que nos próprios filhos.

Mesmo entendendo o ponto de vista dela, teria sido muito melhor se ambos tivessem recorrido a um conselheiro cristão e assim tentado evitar a dissolução da família. O problema maior foi não terem comunhão com o Senhor. Se tivessem, poderiam ter orado e encontrado uma boa solução. Poderiam ter tentado resolver a situação humilhando-se diante do Senhor e confiando nele e no poder da oração. Se seu cônjuge costuma ser inflexível, recusando-se a mudar e a aceitar opiniões, ore para que Deus o liberte da intransigência e da inflexibilidade. O futuro e a felicidade de vocês e de seus filhos dependem disso. Quando a educação dos filhos se torna um problema entre o casal, os dois devem buscar o consenso. E isso exige oração. Se um dos cônjuges for mais rebelde, o outro precisará colocar os joelhos no chão e orar, e orar.

Concordância quanto à permissão concedida aos filhos

Crianças costumam apresentar uma característica interessante: quando permitimos que façam alguma coisa, elas acham que receberam autorização permanente. Por exemplo, se dormirem em nossa cama *uma* noite, acham que poderão dormir ali *todas* as noites. Alguns casais gostam de dormir com os filhos todas as noites. Conheço alguns que dormem com os filhos e os cães adultos na mesma cama, e isso não os aborrece. Para mim, é um pesadelo, mas, se eles gostam, ótimo.

Eu e Michael decidimos que os filhos não dormiriam em nossa cama. É claro que amávamos nossos filhos e gostávamos de estar com eles. Apenas não conseguíamos dormir com eles na mesma cama. Acordávamos exaustos e irritados. Descobrimos, muito tempo atrás, que as noites maldormidas prejudicam o casamento e que, se não cortarmos o mal pela raiz, ele se tornará um hábito extremamente difícil de abandonar.

Seja qual for a decisão tomada, o importante é que haja consenso entre o casal. Ambos devem concordar com as regras impostas aos filhos. Isso é necessário para que haja equilíbrio entre os limites de cada um. Estabeleçam regras para seus filhos e expliquem os motivos. Ensinem-nos a andar nos caminhos de Deus todos os dias e orem por eles a respeito de tudo.

Ore, portanto, para que você e seu cônjuge se entendam sobre a criação e a disciplina dos filhos. Se os dois não chegarem a um acordo, haverá necessidade de concessão de ambas as partes. E se você achar que nunca chegarão a um consenso, saiba que Deus pode mudar o coração de ambos para agirem corretamente. Peça que o Senhor os ajude a atravessar períodos de intensa divergência, a permanecer unidos e a ser bons pais.

Concordância para não se culparem mutuamente em momentos de infortúnio

Jó tinha o hábito de orar por seus filhos. Depois de um período de festas, Jó mandava chamá-los e fazia que se purificassem. De madrugada ele oferecia um sacrifício em favor de cada um deles, pois pensava: "Talvez os meus filhos tenham, lá no íntimo, pecado e amaldiçoado a Deus" (Jó 1.5). Contudo, essa prática constante de Jó não garantia ausência de problemas na vida de seus filhos. A Bíblia diz que, enquanto todos eles estavam reunidos em um desses banquetes, um vento muito forte veio, derrubou a casa, e eles morreram (cf. Jó 1.19). Apesar disso, a fé de Jó não foi abalada. Ele não culpou Deus.

Quando algo ruim ocorre com um filho, temos a tendência de culpar Deus. Ou então nos culpamos por achar que somos responsáveis pelo que aconteceu. Se o marido e a esposa culparem um ao outro, o casamento será destruído, pois ninguém é capaz de suportar a culpa por algo que aconteceu aos filhos. De qualquer forma, há sempre um sentimento de culpa em relação aos filhos, principalmente quando existe algum problema. Os pais sempre questionam se exageraram a dose para mais ou para menos. E quando algum fato negativo acontece, como notas baixas, indisciplina na escola, um acidente ou uma enfermidade, os pais sempre se culpam por não estarem presentes na hora certa e no lugar certo, para evitar dissabores como esses. E se, para culminar, um cônjuge puser a culpa no outro, a situação ficará insustentável. Em momentos de grande desespero, se um cônjuge não estiver ao lado do outro para ampará-lo ou, pior, se culpá-lo pelo infortúnio, o casamento não suportará a carga.

Deus não sente prazer algum quando seus filhos sofrem infortúnios, mas, por motivos que desconhecemos, ele pode *permitir* que isso aconteça. Caso ocorram infortúnios, não culpe seu marido nem Deus. Mesmo que um dos cônjuges tenha agido de maneira inconsequente, lembre que nenhum pai ou nenhuma mãe é capaz, em sã consciência, de prejudicar deliberadamente um filho. Em vez disso, confie em Deus e recuse-se a destruir seu cônjuge, seu casamento e sua família. Não joguem essa carga pesada de culpa em cima um do outro. Lembrem-se de que "o tempo e o *acaso* afetam a todos" (Ec 9.11, grifo da autora). Assim, o melhor é aproximar-se de Deus, pois ele é fonte de cura e restauração, e, a exemplo do que ocorreu com Jó, o Senhor solucionará o problema, no tempo dele e segundo sua vontade soberana.

Concordância para entregar seus filhos nas mãos de Deus e interceder por eles

É importante entregar nossos filhos a Deus. Devemos lembrar que eles são primeiramente do Senhor: "Os filhos são herança do Senhor, uma recompensa que ele dá" (Sl 127.3). Ter essa certeza nos concede paz, pois sabemos que eles não poderiam estar em melhores mãos.

Quando entregamos a vida dos filhos a Deus, permitimos que ele atue na vida deles segundo a vontade divina, não nossa. Se não estivermos convictos de que é Deus que está no controle, seremos regidos pelo medo. E a única maneira de ter certeza de que ele está no controle é abrir mão de nossa resistência e permitir que ele tenha pleno acesso à vida dos filhos. Isso não é tão fácil como parece. Precisamos viver de acordo com a Palavra e os caminhos de Deus e orar muito. A tendência dos pais é sempre ter controle de tudo o que se refere aos filhos. Mas podemos confiar que Deus cuidará deles melhor do que faríamos. Não há dúvida. Quando entregamos os filhos nas mãos do Pai e reconhecemos que ele está no controle da vida deles e da nossa, nós e nossos filhos desfrutamos de grande paz.

O problema está em quando muitas vezes nos sentimos orgulhosos de nosso esforço para sermos pais perfeitos. Pior ainda quando nos sentimos *mais* orgulhosos por acreditar que criamos filhos perfeitos. O caminho do orgulho é um terreno perigoso, porque Deus abençoa os humildes e se opõe aos orgulhosos (cf. Tg 4.6). Se seu marido não se considera bom pai ou um pai perfeito, alegre-se, pois ele vai ter de depender de Deus, assim como você, para criar os filhos. E o Senhor sempre responderá a suas orações, porque a oração lhe dará mais autoridade sobre seu filho do que você imagina.

Do mesmo modo, seu casamento será mais bem-sucedido se você aceitar a ideia de que também não é uma mãe perfeita. Só Deus é perfeito. Só ele sabe o que é melhor para seus filhos, para você e para seu marido. Portanto, consulte-o todos os dias e peça ajuda para serem a melhor mãe e o melhor pai que puderem. Ore *por* eles e *com* eles. Ensine-os a orar. A oração deve fazer parte do dia a dia deles e acompanhá-los durante a vida inteira. Ser mãe ou pai que ora é ser a melhor mãe ou o melhor pai do mundo, e a oração eliminará a pressão de tentar ser uma mãe perfeita ou um pai perfeito.

Quando o desânimo se abater sobre você ou seu marido enquanto criam os filhos, recorra a Deus sempre. Ele entende nossas fraquezas e a tentação de desistir. Ele deseja que nos aproximemos dele em busca de sua graça e ajuda para solucionar nossos problemas. Quanto mais recebermos seu amor e sua graça, mais seremos capazes de estendê-los aos outros, principalmente ao marido e aos filhos.

Decida com seu cônjuge que ambos serão parceiros de Deus na criação dos filhos.

Senhor, eu e meu marido pedimos tua ajuda para criar e
educar nossos filhos em plena concordância. Se houver discordâncias, ajuda-nos a ter bom entendimento e a resolver

os conflitos. Convidamos-te a construir e organizar nossa casa e nosso casamento. Ajuda-nos a discutir todos os assuntos, principalmente os de disciplina e direitos, e a viver em completa união. Revela-nos o que precisamos entender a respeito de nós e de cada um dos filhos.

Ensina-nos, ainda, a interceder verdadeiramente por nossos filhos, para que nunca deixemos nenhum aspecto da vida deles por conta do acaso. Ensina-nos a depositar a teus pés a responsabilidade da criação dos filhos e mostra-nos as instruções que devemos transmitir-lhes sobre o caminho no qual devem andar. Que tu sejas sempre o construtor do nosso lar, a fim de que não trabalhemos em vão.

Senhor, sei que nem eu nem meu marido somos pais perfeitos e, portanto, dependemos de ti. Por isso, entregamos nossos filhos em tuas mãos e oramos para que sejam protegidos e guiados por ti. Livra-os dos perigos deste mundo e das armadilhas do Maligno. Oro assim no nome precioso de Jesus. Amém.

PARTE TRÊS

*Ore por
seus filhos*

CAPÍTULO 9

Para que conheçam Deus, façam o que é certo e perseverem na fé

Todos os pais cristãos têm um grande sonho: ver seus filhos crescerem na graça e no conhecimento do Senhor (2Pe 3.18). Queremos que eles venham a conhecer quem Deus realmente é e a Jesus como Salvador pessoal. Meus dois filhos aceitaram Jesus por volta dos 5 anos de idade. Nós lhes havíamos ensinado as coisas de Deus, lido histórias bíblicas para eles, orado com eles diariamente e os levado à igreja com regularidade, onde foram instruídos nos caminhos do Senhor. A noção de aceitar Cristo sempre permeou a vida deles, mas nunca os obrigamos ou pedimos que tomassem uma decisão. Em vez disso, orávamos para que o que aprendiam penetrasse em seu coração e lhes despertasse o desejo de ter um relacionamento íntimo com Deus. Queríamos que fosse uma decisão íntima, pessoal. Quando chegou o momento, eles finalmente pediram que orássemos com eles para aceitarem Cristo como Salvador. Meu marido e eu usufruímos de uma grande paz por saber que o futuro eterno de nossos filhos está assegurado e será cheio de alegria.

Imaginar ver toda a família reunida no céu, louvando para sempre o Criador, é uma esperança maravilhosa! Entretanto, mesmo que não queiramos, os filhos crescem e seguem os próprios caminhos. Muitos deles deixam de perseverar nos caminhos do Senhor, perdem o interesse pelas coisas de Deus e decidem abandoná-lo, enveredando por caminhos tortuosos. Se esse é o caso de seus filhos, se você não pôde segurá-los em seus braços enquanto as tempestades da vida sem Deus desabavam sobre eles, comece a orar. Se você deseja que amem e busquem a Deus acima de tudo, que confiem no amor incondicional do Pai Eterno, então comece a orar.

Não importa a idade dos filhos, nunca é cedo ou tarde demais para começar a orar pela salvação deles ou para que retornem ao Senhor. Queremos que eles abram a porta do coração para Jesus e experimentem o reino de Deus nesta vida e na eternidade. Por isso, não há tempo a perder! Ore pelo futuro eterno de seus filhos, para que vivam para sempre com Deus.

Os seus filhos estão nos caminhos do Senhor como os meus? Ótimo! Entretanto, isso não nos isenta de perseverar em oração por eles. Se não desejamos entrar na estatística de pais cujos filhos perderam o interesse pelas coisas de Deus, então é bom começar a orar, sem cessar, desde já (1Ts 5.17). Uma vez que nossos filhos aceitem o Senhor, devemos continuar a orar pelo relacionamento deles com Deus, para que transbordem de pleno conhecimento da sua vontade, em toda a sabedoria e entendimento espiritual, e que vivam de modo digno do Senhor, para o seu inteiro agrado, frutificando em toda boa obra.

Ore para que desejem conhecer Deus e sejam salvos

O desejo de conhecer Deus é o que salva a vida de qualquer pessoa. Todos que desejam verdadeiramente conhecer Deus são conduzidos, mais cedo ou mais tarde, aos pés de Jesus, o Salvador. Lembre-se: todos nós precisamos ser salvos, e isso inclui seus filhos (At 4.12). Todos nós precisamos ser renovados, e isso inclui seus filhos (2Co 5.17). Nenhum filho é tão bom a ponto de não precisar ser salvo; e nenhum filho é tão mau a ponto de *não poder* ser salvo (cf. Jr 51.5). Suas orações podem ajudar seus filhos a abrirem o coração para Deus e ouvi-lo.

Se seus filhos não conhecem o Senhor, ore para que tenham um encontro com o Deus vivo. Pode ser difícil acreditar, mas Deus se preocupa mais com a salvação de seus filhos do que você. Veja o que afirma o apóstolo Pedro: "O Senhor [...] é paciente com vocês, não querendo que ninguém pereça, mas que todos cheguem ao arrependimento" (2Pe 3.9). Nossas orações não são capazes de produzir um relacionamento entre eles e Deus, mas podem voltar o coração deles para o Senhor e abri-lo para receber o que Deus deseja lhes dar: a salvação em Cristo Jesus. Podemos orar para o coração deles se fechar para as mentiras do inimigo e se abrir para a verdade de Deus.

Ore para que façam o que é certo

Ao desejar a salvação de nossos filhos, queremos certamente ver os frutos dessa salvação na vida deles. Queremos que façam o que é certo aos olhos do Senhor, que a fé deles não seja morta, mas regada de boas obras (Ef 2.8-10; Tg 2.17), e que levem uma vida de santificação e honra, fugindo de tudo aquilo que possa ser prejudicial para a vida deles (1Ts 4.3-4). Desejamos para eles o mesmo que Jesus desejou para nós:

> *Não rogo que os tires do mundo, mas que os protejas do Maligno. Eles não são do mundo [...]. Santifica-os na verdade; a tua palavra é a verdade. [...] Em favor deles eu me santifico, para que também eles sejam santificados pela verdade.*
>
> João 17.15-19

A fim de ajudá-los nesse sentido, concentre suas orações em três aspectos importantes:

1. *Para que sejam semelhantes a Deus.* Quem busca o Senhor deseja conhecê-lo de perto e aspira ao que *ele* quer; e a vontade de Deus é que nos tornemos mais semelhantes a ele. Uma vez que ficamos aquém de todos os padrões divinos no modo de pensar, agir e viver, precisamos mudar. No entanto, só Deus pode realizar mudanças duradouras, e apenas à medida que o buscamos para que ele nos transforme. Não importa há quanto tempo conhecemos Deus ou andamos com ele, sempre precisamos conhecê-lo melhor e andar ainda mais perto dele. Assim, ore para seus filhos terem o desejo de conhecer melhor o Senhor e de se tornar mais semelhantes a ele (cf. Rm 8.29).

2. *Para que tenham um coração contrito.* Essa é uma das chaves para o sucesso na vida cristã vitoriosa. Enquanto o coração rebelde afirma: "Eu não preciso viver de acordo com as regras de meus *pais* ou de *Deus*. Tenho *minhas próprias regras*", o coração contrito diz: "Mostra-me meus pecados, Senhor, e eu me arrependerei deles. Conduze-me pelos teus caminhos. Não serei rebelde e não me apegarei ao *meu* modo de fazer as coisas, se for contrário aos *teus* caminhos".

Ter um coração contrito significa dispor-se humildemente diante de Deus para que ele nos mostre o que fizemos em desacordo com a vontade dele. É a prontidão para ver os próprios erros em vez de ser hipócritas e imaginar que somos tão virtuosos que nunca precisamos nos arrepender de nada.

Ser rebelde é viver deliberadamente fora da vontade do Senhor (1Sm 15.23). O coração dos rebeldes *não se entristece* com as coisas erradas que fazem (Jr 5.3) *nem sequer reconhece* o erro. O *coração contrito*, ao contrário, se entristece com tudo o que transgride os preceitos de Deus. Apenas o arrependimento pode romper o controle do pecado sobre a vida da pessoa. Sem ele, pagamos constantemente o preço por não viver de modo agradável a Deus; e um dos custos é não ser ouvidos por Deus: "Se eu acalentasse o pecado no coração, *o Senhor não me ouviria*"

(Sl 66.18, grifos da autora; cf. tb. Is 59.2). Para que as orações sejam respondidas, precisamos ter um coração contrito.

Quando nossos filhos eram pequenos e Michael e eu os disciplinávamos depois de fazerem algo errado, uma das formas de verificar se a disciplina havia sido eficaz era observar se eles demonstravam um coração contrito. Em outras palavras, lamentavam de verdade o que haviam feito ou apenas o fato de terem sido descobertos? Quando parecia que o castigo nem os incomodava, não havíamos disciplinado de forma correta. Acreditamos ser injustos com nosso filho quando não lhe damos a oportunidade de aprender que seus erros têm consequências. Quando não aprendem essa verdade, parece-lhes *fácil* fazer coisas erradas depois que crescem, pois acreditam que ficarão impunes.

Quando não recebem disciplina, não aprendem a autodisciplina. Creio que o fato de ficarmos atentos para a presença do arrependimento em nossos filhos os tornou receptivos e sensíveis à confrontação e correção nas ocasiões em que se desviaram do caminho certo, na idade adulta. Isso não os impedia de fazer coisas erradas, mas os ajudava a se arrependerem prontamente.

Deus sempre abençoa a pessoa que tem o coração pronto a ouvi-lo e a se arrepender do erro cometido. Ore para que seus filhos tenham um coração dedicado a Deus, maleável e contrito em relação a ele, a fim de estarem abertos para a correção do Espírito Santo. Devemos pedir um coração contrito para nós mesmos. É isso o que Deus quer também para nós.

Se você deseja esse tipo de coração para seus filhos, então interceda continuamente por eles diante do Senhor.

3. *Para que desejem saber o que Deus fez.* Ele provê um modo de deixarmos uma herança *espiritual* aos filhos. Tal herança é mais valiosa que qualquer riqueza, e podem desfrutá-la de imediato. Se você não tem condições de deixar um depósito

generoso no banco, não se preocupe; transmita-lhes um legado espiritual duradouro: bom caráter, integridade, amor, bom nome, liberdade da servidão e bênçãos de Deus.

Uma das maneiras de deixar um legado espiritual a seus filhos é contar-lhes o que Deus tem feito em sua vida, como fez o salmista Asafe:

> *Em parábolas abrirei a minha boca, proferirei enigmas do passado; o que ouvimos e aprendemos, o que nossos pais nos contaram. Não os esconderemos dos nossos filhos; contaremos à próxima geração os louváveis feitos do* Senhor, *o seu poder e as maravilhas que fez.*
>
> Salmos 78.2-4

Asafe afirmou que Deus ordenou que tais coisas fossem divulgadas aos filhos deles para que as gerações futuras não se esquecessem do que o Senhor havia feito. Desse modo, seus filhos aprenderiam a esperar em Deus e não se tornariam um povo obstinado e rebelde, de coração desleal para com Deus e de espírito infiel (Sl 78.5-8).

Nós também precisamos contar aos nossos filhos o que Deus fez em *nós*, de modo que não vivam em rebeldia e possam ensinar as mesmas verdades aos filhos deles. Queremos que nossos filhos nunca se esqueçam da bondade de Deus para conosco a fim de que depositem sua confiança no Senhor e escolham viver de modo agradável a ele. Por isso, precisamos compartilhar com os filhos todas as ocasiões em que Deus nos livrou das mãos do inimigo. Precisamos manter viva na memória a operação de seu poder no passado a fim de nos recordarmos de seu poder no presente, quando mais precisamos dele, e assim experimentar paz quanto ao futuro.

É importante expressar a seus filhos o que Deus significa para você, como ele tem respondido a suas orações e todas as grandes coisas que fez no passado, e que, você sabe, ele fará. Conte-lhes como conheceu Cristo, como ele a transformou e proveu a suas necessidades e como ele a tem dirigido no presente. Seu relato fortalecerá não apenas a fé *deles*, mas a sua também. Mas não o faça como se estivesse pregando um sermão. Apenas fique atenta para oportunidades de narrar o que Deus fez por você ou lhe ensinou. Ao compartilhar com eles essa parte preciosa de sua vida, eles verão como a ação de Deus em sua vida tem sido importante e marcante.

Se você começou a andar com Deus há pouco tempo ou aceitou Cristo quando seus filhos já estavam crescidos, não pense que é tarde demais para deixar-lhes uma herança espiritual. Deus fará grandes coisas por você agora, hoje mesmo. Peça-lhe ensinamento e sabedoria. Anote o que Deus fizer por você e em você e lembre-se de contar a seus filhos no momento certo. Em pouco tempo, você poderá ter uma grande riqueza de experiências para compartilhar.

Ore para que perseverem no Senhor

Se seus filhos conhecem Deus desde pequenos, ore para que nunca se afastem do Senhor. Não pense que isso não pode acontecer com eles nem com você, pois todo cristão é alvo do inimigo, e ele não desiste de tentar nos desviar do caminho certo. Esse é o objetivo de certas influências do mundo de hoje. Seus filhos precisam de suas orações para permanecer firmes na batalha. Peça a Deus que os encha com seu Espírito Santo (Ef 5.18; cf. At 4.31).

Um dos vários motivos para orar pelo derramamento do Espírito de Deus sobre seus filhos é que somente por meio do Espírito podemos viver segundo os padrões de Deus e perseverar nos seus caminhos, pois ele cria em nosso coração a propensão para agir de modo correto. O Espírito forma em nós um "barômetro santo" que nos diz instintivamente o que é certo ou errado. Todos nós precisamos de ajuda nesse sentido. Ninguém é capaz de perseverar em Deus e de obedecer a suas leis de maneira perfeita sem a ajuda do Espírito Santo. Não podemos nos aprimorar por conta própria de modo a merecer um relacionamento com Deus. Quando entregamos nosso coração ao Senhor, *ele* nos ajuda a ser obedientes e a trilhar o caminho do bem. A *escolha* é nossa, mas *ele* a concretiza (Fp 2.13).

A Bíblia afirma que, quando vivemos segundo o Espírito, temos a mentalidade dele; que estamos *no* Espírito se ele habita *em* nós (Rm 8.6-10). É o Espírito Santo que nos ensina o que fazer ao falar ao nosso coração e soprar vida na Palavra de Deus à medida que aprendemos dela. Não há como conhecer os caminhos de Deus sem ler sua Palavra. Ore para que seus filhos desde cedo tenham um coração dedicado à Palavra de Deus, pois ela "é perfeita, e revigora a alma". Seus preceitos "tornam sábios os inexperientes [...] são justos, e dão alegria ao coração [...] são límpidos e trazem luz aos olhos [...] são mais desejáveis do que o ouro [...] mais doces do que o mel..." (Sl 19.7-10).

A perseverança na vida cristã vem pelo ouvir a voz do Espírito, e a voz do Espírito também é transmitida pela Palavra de Deus. Adote o hábito de lê-la com seus filhos desde pequenos, e eles continuarão a lê-la mais tarde. Há muitas boas publicações de Bíblias infantis que podem ajudá-la a ensinar-lhes o que o Senhor deseja para os filhos dele. Não podemos fazer o Espírito Santo entrar na vida de nossos filhos, mas *podemos* orar para que o coração deles se abra para ouvir a voz do Senhor. *Podemos* orar para que as mentiras do Inimigo sejam caladas.

Se você não educou seus filhos nos caminhos de Deus porque não conhecia o Senhor nem seus caminhos, peça-lhe que redima a situação agora. Agradeça-lhe por tudo de correto e bom que você ensinou a seus filhos. Lembre-se de que Deus disse: "Todos os seus filhos serão ensinados pelo Senhor".

Se você educou seus filhos nos caminhos de Deus e eles se desviaram deles na idade adulta, ore para que eles ouçam a voz do Senhor e não lhe deem mais as costas. Deus diz, acerca das pessoas que recusam sua instrução: "*Voltaram as costas para mim* e não o rosto; embora eu os tenha ensinado vez após vez, não quiseram ouvir-me nem aceitaram a correção" (Jr 32.33, grifos da autora).

Se você faz parte do grupo de pais abençoados cujos filhos foram criados nos caminhos de Deus e nunca se desviaram deles, continue a orar para que sempre tenham o temor do Senhor no coração. A Bíblia diz:

> *Eles serão o meu povo, e eu serei o seu Deus. Darei a eles um só pensamento e uma só conduta, para que me temam durante toda a sua vida,* para o seu próprio bem e o de seus filhos e descendentes. *Farei com eles uma aliança permanente: Jamais deixarei de fazer o bem a eles, e farei com que me temam de coração, para que jamais se desviem de mim.*
>
> JEREMIAS 32.38-40, grifos da autora

Agradeça sempre a Deus porque o temor do Senhor em *seu* coração se tornará uma rica herança para *eles* também. Faça comigo esta preciosa oração:

> Senhor, colocamos nossos filhos diante de ti e pedimos que lhes dês um coração disposto a te conhecer e a perseverar em teus caminhos. Que possam chamar-te de "meu Salvador", encher-se do teu Espírito Santo e reconhecer-te em cada aspecto de sua vida. Ajuda-os a crer que Jesus entregou a vida por eles, a fim de lhes conceder vida eterna e abundante, agora. Ajuda-os a compreender a plenitude do teu perdão para que não vivam em condenação e culpa.
>
> Que tenham uma vida frutífera, crescendo a cada dia no conhecimento da tua Palavra e no estreitamento da

comunhão contigo. Que possam sempre saber qual é tua vontade, tenham discernimento espiritual e andem de maneira que te agrade. Atrai-os para junto de ti e torna-os mais semelhantes a Cristo.

Desenvolve neles um coração contrito, humilde e voltado para ti. Que amem tua Palavra e com ela alimentem a alma diariamente. Ensina-lhes teus caminhos e tuas leis e ajuda-os a fazer o que é correto. Cala a voz do Inimigo para que eles ouçam somente a voz de teu santo Espírito. Assim oro em nome de teu Filho, Jesus.

CAPÍTULO 10

Para que tenham sabedoria, discernimento e revelação da parte de Deus

Vivemos na era da tecnologia. Nunca, em nenhum outro momento da história da humanidade, as pessoas tiveram tanto acesso a informação, sobretudo com o advento da internet, que revolucionou o mundo do conhecimento. Infelizmente, nem tudo a que se tem acesso é saudável. Mais que nunca é preciso orientar nossos filhos sobre o que lhes convém em suas incursões no mundo virtual. E, ao orar por eles, peça a Deus que lhes conceda sabedoria e discernimento para distinguir o certo do errado e que pautem sua vida por valores sólidos e eternos, como os revelados em sua imutável Palavra.

No entanto, precisamos ter cuidado para que não nos preocupemos demasiadamente. Isso é muito comum com as mães. Não é possível saber tudo o que acontece na vida deles, tudo o que andam ouvindo ou aprendendo, ou que poderá influenciá-los. Principalmente se já forem adolescentes ou jovens. Mas não precisamos saber de cada detalhe; esse trabalho cabe a Deus. Não temos nem podemos ter o controle da vida deles, mas podemos orar para que a vida deles seja pautada por sabedoria, discernimento e orientação divinos. Esses três elementos são capazes de:

1. Evitar que nossos filhos estejam no lugar errado, na hora errada.
2. Evitar que façam escolhas e tomem decisões infelizes.
3. Evitar que confiem nas pessoas erradas ou deixem de confiar nas pessoas certas.
4. Ajudá-los a escolher o que é bom, principalmente quando não é fácil discernir a verdade.
5. Permitir-lhes antever o que outros não seriam capazes de perceber.
6. Dar-lhes a capacidade benéfica de prever situações perigosas.
7. Guardá-los de problemas e afastá-los do mal.

ORE PARA QUE DEUS CONCEDA SABEDORIA A SEUS FILHOS

A Bíblia traz inúmeras referências à sabedoria. Salomão escolheu essa opção quando se tornou rei de Israel. Deus nos concede sabedoria quando lhe pedimos, e podemos fazê-lo não apenas para nós, mas também, e principalmente, para nossos filhos. Ela é derramada pelo Espírito Santo, e vai muito além da instrução acadêmica e do conhecimento. Trata-se de um senso profundo da verdade. Não queremos que nossos filhos sejam pessoas que "estão sempre aprendendo, e jamais conseguem chegar ao conhecimento da verdade" (2Tm 3.7). Queremos que tenham *conhecimento prático* da verdade e assim tomem decisões acertadas, temam a Deus e discirnam seus caminhos.

Se seus filhos são adultos, continue a pedir a Deus que lhes conceda sabedoria. Sabedoria para a escolha do emprego e do cônjuge, e para que não se afastem dos caminhos do Senhor. Se já se casaram, para que tenham sabedoria nos relacionamentos familiares, na manutenção de um casamento saudável. Se tiverem a sabedoria vinda de Deus, será muito mais fácil lidar com as dificuldades e tomar decisões, o que tornará a vida deles mais tranquila.

A Bíblia diz que para Deus conceder-nos sabedoria só precisamos pedir: "Se algum de vocês tem falta de sabedoria, peça-a a Deus, que a todos dá livremente, de boa vontade; e lhe será concedida" (Tg 1.5). E isso é válido também no que se refere aos filhos. Ao orar por eles, podemos pedir que Deus lhes dê sabedoria para refletir, agir e viver.

A sabedoria nos permite avaliar as consequências de nossos atos antes mesmo de agir e, assim, sermos capazes de tomar decisões mais acertadas. Ela nos confere discernimento e nos ajuda a raciocinar e ter clareza, bom senso e prudência.

Podemos sentir o Espírito de sabedoria atuar em nossa vida. Você já tomou uma decisão com o sentimento de estar agindo corretamente e, mais tarde, constatou não só ter agido acertadamente, mas também ter sido muito melhor do que imaginara? Isso acontece graças à atuação do Espírito de sabedoria em nós, que nos capacita para tomar decisões acertadas. É por isso que precisamos orar também pelos filhos, independentemente de sua idade ou fase da vida.

Sete maneiras eficazes de orar por sabedoria

1. Ore para que seu filho tenha sabedoria para temer a Deus. "O temor do Senhor é o princípio da sabedoria" (Pv 9.10). Toda sabedoria tem como ponto de partida a reverência a Deus e aos seus caminhos, uma reverência que abre espaço para o Espírito de sabedoria no coração dos filhos.

2. Ore para que seu filho tenha sabedoria para dizer as palavras certas a outros. "Você já viu alguém que se precipita no falar? Há mais esperança para o insensato do que para ele" (Pv 29.20). Proferir palavras equivocadas no momento inadequado coloca muita gente em sérias dificuldades. Saber expressar-se adequadamente no momento oportuno pode abrir as portas de bênção e favor para seus filhos.

3. Ore para que seu filho tenha a sabedoria de não blasfemar o nome de Deus. "Lembra-te de como o inimigo tem zombado de ti, ó S℮nhor, como os insensatos têm blasfemado o teu nome" (Sl 74.18). Palavras que não glorificam o nome de Deus são terrivelmente destrutivas para quem as pronuncia. De acordo com o terceiro dos Dez Mandamentos, quem toma o nome de Deus em vão não fica impune (Êx 20.7). Devemos evitar qualquer palavra que pareça blasfêmia, pois as consequências são extremamente sérias.

4. Ore para que seu filho seja humilde, não orgulhoso. "Quando vem o orgulho, chega a desgraça, mas a sabedoria está com os humildes" (Pv 11.2). É sempre sábio ter humildade; se somos humildes, crescemos em sabedoria.

5. Ore para que seu filho tenha sabedoria para não ser atraído pela sabedoria do mundo. "Acaso não tornou Deus louca a sabedoria deste mundo?" (1Co 1.20). "Porque a sabedoria deste mundo é loucura aos olhos de Deus" (1Co 3.19). Aos olhos de Deus, o que o mundo considera sábio não passa de insensatez. Aos olhos do mundo, nossa fé em Cristo é total loucura, enquanto, para Deus, crer em seu Filho é a coisa mais sábia que podemos fazer.

6. Ore para que seu filho tenha sabedoria para amar a Palavra de Deus. "Meu filho, se você aceitar as minhas palavras e guardar no coração os meus mandamentos; se der ouvidos à sabedoria e inclinar o coração para o discernimento [...] então você entenderá o que é temer o S℮nhor e achará o conhecimento de Deus" (Pv 2.1-2,5). Estar aberto à Palavra de Deus e valorizar as leis e os caminhos do Senhor demonstram inclinação para o Espírito de sabedoria, que nos permite descobrir e entender o que seria impossível sem sua capacitação.

7. Ore para que seu filho tenha sabedoria para sempre buscar o conselho de pessoas prudentes e íntegras. "Preste atenção e ouça os ditados dos sábios, e aplique o coração ao meu ensino"

(Pv 22.17). "Como é feliz aquele que não segue o conselho dos ímpios, não imita a conduta dos pecadores, nem se assenta na roda dos zombadores!" (Sl 1.1). É importante que as pessoas que exerçam influência sobre seu filho sejam indivíduos piedosos que lhe transmitam sabedoria.

8. *Ore para que seu filho só dê ouvidos a pessoas nas quais habita o Espírito de sabedoria.* A sabedoria clama: "... quem me ouvir viverá em *segurança* e estará *tranquilo*, sem temer nenhum mal (Pv 1.33; cf. tb. 1.20-32).

A Bíblia diz ainda que a sabedoria divina é derramada por meio do Espírito Santo (1Co 12.8). Deus está pronto a derramar o Espírito de sabedoria sobre os que desejarem recebê-lo. Quem o desejar, o receberá e, como resultado, habitará em segurança, livre do medo. O Espírito de sabedoria derramado sobre nossos filhos tornará a vida deles muito melhor. A educação e o conhecimento do mundo não são suficientes. A sabedoria que vem de Deus os ajudará a usar de modo proveitoso a informação que adquiriram. Ela também os protegerá. Ore pelo derramamento do Espírito de sabedoria sobre seus filhos para que saibam como pensar, agir e viver.

Ore para que seus filhos tenham discernimento vindo de Deus

Discernimento é a capacidade de compreender situações, de separar o certo do errado. Quando você ora a Deus pedindo discernimento para seus filhos, os estará ajudando a ter melhor entendimento das circunstâncias, a enxergar o que é imperceptível para a maioria. Também os ajudará a avaliar melhor o verdadeiro caráter de uma pessoa, habilidade que poderá poupá-los de algumas tristezas e dificuldades. Discernimento capacita a:

1. *Fazer o que é certo.* Sem discernimento poderão agir de modo insensato. "A insensatez alegra quem não tem bom senso, mas o homem de entendimento procede com retidão" (Pv 15.21). Não queremos que nossos filhos ajam com insensatez. Queremos que sejam dotados de entendimento a fim de andarem no caminho certo e procederem com retidão.

2. *Distinguir claramente entre o bem e o mal.* O jovem rei Salomão pediu a Deus: "Dá, pois, ao teu servo um coração cheio de discernimento para governar o teu povo e capaz de distinguir entre o bem e o mal..." (1Rs 3.9). Deus se agradou desse pedido, porque Salomão não pediu vida longa, riquezas ou a morte de seus inimigos. Antes, desejou ter capacidade de distinguir claramente entre o bem e o mal. Deus atendeu ao seu pedido e lhe concedeu um coração sábio e inteligente.

3. *Distinguir o que é santo e puro do que não é.* "Eles ensinarão ao meu povo a diferença entre o santo e o comum e lhe mostrarão como fazer distinção entre o puro e o impuro" (Ez 44.23). Nos dias de hoje, em que o mundo se encontra mergulhado no engano do inimigo, precisamos dessa dádiva de Deus a fim de distinguir o que é santo, puro e bom do que é profano, impuro e mau. Sem discernimento, nem sempre nós e nossos filhos seremos capazes de enxergar a verdade.

4. *Distinguir o certo do errado.* Paulo orou pelos filipenses para que discernissem o que era melhor e vivessem de modo reto: "Esta é a minha oração: Que o amor de vocês aumente cada vez mais em conhecimento *e em toda a percepção, para discernirem o que é melhor,* a fim de serem puros e irrepreensíveis até o dia de Cristo, cheios do fruto da justiça, fruto que vem por meio de Jesus Cristo, para glória e louvor de Deus" (Fp 1.9-11, grifos da autora). Paulo desejava que tivessem a vida em ordem diante de Deus. Não é o que eu e você desejamos para nossos filhos?

5. *Entender as coisas de Deus.* Paulo afirmou que Deus nos revela verdades por meio de seu Espírito, e que muitas verdades só podem ser discernidas de modo espiritual pelos que têm o Espírito Santo dentro de si (cf. 1Co 2.12,14). A boa notícia é que podemos orar ao Senhor pedindo discernimento: "Se clamar por entendimento e por discernimento gritar bem alto; se procurar a sabedoria como se procura prata e buscá-la como quem busca um tesouro escondido, então você entenderá o que é temer o Senhor e achará o conhecimento de Deus" (Pv 2.3-5). Se orarmos a Deus com fervor pedindo discernimento e entendimento a nossos filhos, ele os concederá, além de uma profunda *reverência* por ele e um profundo *conhecimento* dele.

Ore para que seus filhos recebam revelação de Deus

Quando falamos em "revelação" nos referimos ao ato pelo qual Deus faz o cristão conhecer sua vontade sobre algum assunto. Essa revelação pode vir por meio da leitura da Bíblia, quando se ouve um sermão ou um hino, mediante o conselho de um cristão maduro e comprometido com o Senhor e sua Palavra, ou por outro meio qualquer, segundo sua vontade soberana. Para o cristão, isso deve ser bem natural, pois, afinal, cremos em um Deus de comunicação (Hb 1.1-2), em um Deus que responde a nossas orações. Ele fala. Comunica-se. Revela sua vontade. Embora nem sempre seja fácil determinar como a resposta virá, ele revelará sua vontade, mais cedo ou mais tarde.

Deus revela sua vontade quando o buscamos e recorremos a seu perfeito e infinito conhecimento. Podemos consultar o Senhor em questões como:

- "Devo me mudar para esta ou aquela cidade?"
- "Devo ir a esta ou àquela igreja?"

- "Devo andar com esta ou aquela pessoa?"
- "Que carreira devo seguir?"

Quando pedimos continuamente que Deus revele sua vontade para aspectos específicos da vida de nossos filhos, ele nos responde. Esteja atenta ao mover de Deus na vida deles. Você saberá quando a resposta chegar. Seja sensível ao agir de Deus.

Quatro motivos para pedir a Deus que revele sua vontade a seu filho

1. *A revelação de Deus lhe concede visão para vida.* Isso não quer dizer que ele terá conhecimento de cada detalhe. Mas saberá que tem um futuro bom e segundo os desígnios de Deus: "Onde não há revelação divina, o povo se desvia; mas como é feliz quem obedece à lei!" (Pv 29.18). Uma pessoa que não possui revelação de Deus tem visão limitada das coisas; comporta-se, em geral, de modo inadequado, pois não possui orientação firme a norteá-la.

2. *A revelação de Deus abre os olhos de seu filho e lhe concede entendimento e esclarecimento acerca de seu propósito e chamado.* Deus também revela a grandeza de seu poder, que opera em favor de cada um. O apóstolo Paulo diz aos efésios: "Peço que o Deus de nosso Senhor Jesus Cristo, o glorioso Pai, lhes dê espírito de sabedoria e de revelação, no pleno conhecimento dele [...] a fim de que vocês conheçam a esperança para a qual ele os chamou [...] e a incomparável grandeza do seu poder para conosco, os que cremos, conforme a atuação da sua poderosa força" (Ef 1.17-19).

3. *A revelação de Deus ajuda seu filho a reagir da forma certa, como não seria possível de outro modo, e o impede de destruir-se.* "Quem se afasta do caminho da sensatez repousará na companhia dos mortos" (Pv 21.16). Sem revelação, seu filho pode tomar decisões desastrosas. Sem revelação, ele pode ser incapaz

não apenas de fazer escolhas acertadas, mas de fazer qualquer tipo de escolha. Muitas vezes, é difícil para os filhos decidirem onde estudar, trabalhar, o que fazer, com quem se casar, que rumo tomar e como resolver outras questões importantes da vida. A Palavra de Deus no coração deles poderá ajudá-los nas decisões mais difíceis.

4. *A revelação de Deus mostra a seu filho quem é Deus*. Quando Jesus perguntou aos discípulos: "Quem vocês dizem que eu sou?", Pedro respondeu: "Tu és o Cristo, o Filho do Deus vivo". Jesus declarou Pedro bem-aventurado, pois "isto não lhe foi revelado por carne ou sangue, mas por meu Pai que está nos céus" (Mt 16.15-17). Pedro sabia quem Jesus era porque Deus lhe havia *revelado*. Devemos orar para que nossos filhos recebam revelação de Deus acerca de quem ele é. Jesus disse: "... Ninguém sabe quem é o Filho, a não ser o Pai; e ninguém sabe quem é o Pai, a não ser o Filho e aqueles a quem o Filho o quiser revelar" (Lc 10.22).

Toda revelação que obtemos acerca de quem é Deus deve-se à vontade do Filho de revelá-lo. Muitas pessoas não acreditam em Deus porque nunca receberam revelação acerca de quem ele é. Quando aceitei Cristo, dei um passo de fé e acreditei que ele era real e que as palavras da Bíblia eram verdadeiras. Desde então, Deus se revela a mim enquanto leio sua Palavra, ouço outros ensinarem-na e quando passo tempo em louvor, adoração e oração. Peço a Deus que revele verdades acerca de si mesmo e de mim, e ele me atende. Pouco a pouco, a revelação de quem é Deus tem me dado visão e senso de propósito para minha vida.

Ore para que o coração de cada um de seus filhos deseje sabedoria, discernimento e revelação de Deus. Essas dádivas transformarão a vida deles e lhes trarão grandes realizações e bênçãos.

Senhor, meus filhos vivem em um mundo com muitos conhecimentos, mas muitos deles são destrutivos, enganosos, e servem aos interesses do Inimigo. Por isso, peço que concedas a meus filhos sabedoria, discernimento e revelação vindos de ti. Dá-lhes a verdadeira sabedoria mediante o teu Espírito, para que eles possam compreender melhor circunstâncias e situações, distinguir o certo do errado, o que é santo e puro do que é impuro.

Acima de tudo, dá-lhes revelação, a fim de que compreendam tua vontade. Fala com eles por meio da tua Palavra, de um sermão ou de um hino, de servos ou servas comprometidos com tua Palavra. Que a comunicação entre eles e ti seja constante.

Eu te agradeço, Senhor, por tua bondade e teu amor para com meus filhos. Em nome de teu Filho, Jesus. Amém.

CAPÍTULO 11

Para que vivam livres do medo e encontrem total liberdade, restauração e plenitude

O medo, seja irracional, seja fundamentado, é sempre desagradável. Gostaríamos de fugir desse estado afetivo gerado pela consciência do perigo ou do receio de algo. Mas isso é impossível. O medo é uma realidade e faz parte de nossa vida. A questão está em como lidamos com ele. Muitas mulheres são escravas do medo (de não achar o homem certo, de não ser boa mãe, de não ser uma esposa capaz, de não romper com um passado incômodo, de ser traída, e tantos outros.)

Eu sei muito bem o que é o medo em suas diversas facetas. A sensação de medo era normal para mim quando criança, porque eu morava com minha mãe, uma pessoa mentalmente doente. Seu comportamento estranho, instável e ofensivo era uma constante fonte de pavor. Quando adulta e já casada, eu e minha família fomos morar em Los Angeles em meio a terremotos, incêndios, inundações, tumultos e crime desenfreado. Se tivéssemos permitido, o medo teria controlado nossa vida. Pedir proteção e libertação do medo tornou-se uma constante em nossas orações. Não foi fácil lidar com tudo isso, mas superamos essas situações amedrontadoras com o auxílio do Senhor.

Mesmo tendo conhecido Deus na fase adulta, aprendi a identificar a *verdadeira* fonte do medo e a lutar contra ela.

Então encontrei liberdade, restauração e plenitude de vida. Tenho empregado as mesmas táticas em benefício de meus filhos, e desejo que você faça o mesmo com os seus.

Ore para que seus filhos vivam livres do medo

O medo se apossa de nós no instante em que deixamos de crer que Deus é capaz de guardar em segurança a nós e a nossos queridos. As crianças são tomadas pelo medo porque não conseguem discernir o real do irreal. Nosso amor e nossa tentativa de confortá-las e tranquilizá-las podem ajudar, mas orar e proclamar a Palavra de Deus com fé e louvá-lo por seu poder e amor é que poderá libertá-las de fato.

Não podemos poupar os filhos de todos os medos, mas podemos ajudá-los, em oração, a superá-los com o auxílio do Senhor. Sempre que eu percebia o medo se apossando de qualquer um de meus filhos, orava, lia a Bíblia e louvava a Deus. Faça isso por seus filhos. Mesmo em meio ao medo, eles podem aprender lições sobre o perfeito amor de Deus, que lança fora todo o medo (1Jo 4.18). Essas lições ficarão gravadas para sempre no coração deles.

Quando Jesus se encontrava no mar com os discípulos, veio uma grande tempestade; ao ver o medo deles, Jesus lhes perguntou: "Por que vocês estão com tanto medo, homens de pequena fé?" (Mt 8.26). Ele deseja que nós, como eles, acreditemos que nosso barco não vai afundar se ele estiver conosco. Você precisa ensinar isso a seus filhos. Eles precisam saber que, quando Deus está a bordo, o barco pode até adernar, mas jamais afundará.

Há momentos, é verdade, em que o medo se revela mais que uma emoção passageira. Ele pode apertar o coração de uma criança com tanta força e de maneira tão incompreensível que nem atos nem palavras conseguem afastá-lo. A Bíblia nos diz claramente que o espírito do medo não vem de Deus, mas do Inimigo. No entanto, os pais têm autoridade e poder, por meio de Jesus Cristo, para resistir ao espírito do medo em favor dos filhos. O medo não tem poder sobre eles. Nós é que temos poder sobre o medo. Jesus nos deu autoridade sobre *todo* poder do inimigo (Lc 10.19). Não seja enganado e levado a pensar diferente. Se o medo persistir depois que você tiver orado, peça a dois ou mais cristãos fiéis que orem com você. Onde dois ou três estiverem reunidos em nome do Senhor, ele estará no meio deles (Mt 18.20). O medo e a presença do Senhor não podem ocupar o mesmo espaço.

Devido ao fato inegável e maravilhoso de termos Jesus, nós e nossos filhos jamais seremos obrigados a viver com o espírito do medo ou aceitá-lo como parte de nossa vida. Por isso, lancemos sobre o Senhor todos os medos. Sigamos o conselho do apóstolo Paulo:

> *Não andem ansiosos [ou "amedrontados"] por coisa alguma, mas em tudo, pela oração e súplicas, e com ação de graças, apresentem seus pedidos a Deus. E a paz de Deus, que excede todo o entendimento, guardará o coração e a mente de vocês em Cristo Jesus. Finalmente, irmãos, tudo o que for verdadeiro, tudo o que for nobre, tudo o que for correto, tudo o que for puro, tudo o que for amável, tudo o que for de boa fama, se houver algo de excelente ou digno de louvor, pensem nessas coisas. Ponham em prática tudo o que vocês aprenderam, receberam, ouviram e viram em mim. E o Deus da paz estará com vocês.*
>
> FILIPENSES 4.6-9

Preencha o coração e a mente com as coisas do Senhor. Lance fora de sua vida e da vida de seus filhos todo medo, em nome de Jesus!

Ore para que seus filhos encontrem liberdade, restauração e plenitude

Deus deseja que seus filhos desfrutem a vida de liberdade, restauração e plenitude que ele tem para cada um deles. Por melhor ou pior que tenha sido nossa educação, por mais aparentemente perfeitas ou imperfeitas que tenham sido nossas experiências, Deus nos disponibiliza tudo de que necessitamos para sermos livres. O mesmo se aplica a nossos filhos.

Como qualquer pessoa, nossos filhos estão sujeitos a pensamentos equivocados, emoções negativas, atitudes e atos pecaminosos ou efeitos adversos de situações do passado e, portanto, precisam libertar-se de tudo isso. Talvez sofram opressão do Inimigo, que anda ao redor buscando roubar e destruir a vida de todos. Se for assim, eles precisam do livramento e da restauração que somente Deus pode dar. Não obstante o que esteja acontecendo na vida de seus filhos, eles precisam ser transformados à imagem de Cristo. Sem isso, não poderão encontrar a plenitude que Deus tem para eles. Felizmente, Deus é maior que qualquer laço que prenda nossos filhos. Seus planos para cada um deles incluem a libertação de tudo o que os separa disso.

Um de meus versículos prediletos diz: "Ora, o Senhor é o Espírito e, *onde está o Espírito do Senhor, ali há liberdade*" (2Co 3.17, grifos da autora). Quando estamos na presença do Espírito Santo, somos libertos do que nos cega, prende e impede de avançar para nos tornarmos tudo o que fomos criados para ser. Por isso é tão importante orar pelos filhos. Eles devem compreender e desejar a presença do Espírito Santo na vida deles a fim de encontrarem *liberdade, livramento, restauração, transformação* e *plenitude* vindos de Deus.

Precisamos nos lembrar de que, por mais que desejemos, não somos capazes de libertá-los das amarras do Inimigo. Sem dúvida, há muitas coisas das quais gostaríamos que nossos filhos fossem libertos, mas nem sempre eles percebem essa necessidade. Às vezes, apegam-se a certos hábitos nocivos, influências prejudiciais ou escolhas insensatas. As orações podem ajudá-los a reconhecer que *precisam* ser libertos e podem abrir o coração deles para desejar essa liberdade advinda do Espírito.

Quando entenderem que o Espírito Santo é o Espírito de libertação e liberdade, buscarão a presença de Deus e o fluir de seu Espírito dentro deles. Quando entenderem que a presença do Senhor rompe as cadeias do inferno, se esforçarão para remover da vida deles tudo o que representa um obstáculo para a operação desse poder neles, pois Jesus é o cumprimento desta passagem: "O Espírito do Senhor está sobre mim [...] para proclamar liberdade aos presos" (Lc 4.18).

O tipo de liberdade e libertação ao qual Jesus ali se refere constitui um rompimento com tudo o que não representa o poder de Deus sobre nós. É a remoção dos embaraços e obstáculos para o que Deus deseja fazer em nossa vida. Quando aceitamos Cristo, somos libertos de imediato da escravidão do pecado. Passamos a ser escravos da justiça (Rm 6.18). Podemos ser libertos de tudo o que procura nos impedir de viver isso.

Muitas vezes, os pais desconhecem o motivo da libertação, principalmente pais de filhos adultos. Isso se dá por diferentes motivos: 1) Os filhos são reservados e/ou não vivem com eles ou moram distante e, por dificuldade de se verem pessoalmente, acabam não conversando com os pais sobre determinado problema. 2) Filhos adolescentes podem se sentir menos à vontade para conversar com os pais. 3) Até mesmo algumas crianças são mais reservadas. Não podemos jamais pressupor que sabemos tudo sobre nossos filhos. Somente Deus sabe. Quando pedirmos revelação, porém, ele a concederá e mostrará como devemos orar.

Uma das melhores coisas que podemos fazer pelos filhos é buscar nossa própria libertação. A liberdade faz parte da herança espiritual que lhes deixamos. Filhos de pais justos têm acesso a recursos como caráter, profundidade, proteção, riqueza da alma, realização e atitude saudável em relação à vida. Não me refiro a filhos de pais perfeitos, que nunca cometeram erros e sempre souberam o que fazer. Isso não existe. Refiro-me a filhos de pais cuja justiça origina-se da presença de Jesus neles.

Se você, mãe, se libertar do que impede o fluir do Espírito Santo em *você*, a bênção de uma vida segundo a vontade de Deus pode fluir para seus filhos, hoje. Toda libertação operada pelo Espírito em sua vida afetará a vida de seus filhos. Talvez a libertação não ocorra de forma simultânea em sua vida e na vida deles, mas a sua liberdade facilitará a libertação deles, pois verão e crerão que ela é possível. Além disso, sempre que você é liberta em algum aspecto, algo se rompe no âmbito espiritual e pode ter repercussões poderosas no âmbito físico. Quando, pelo poder do Espírito Santo, uma mãe é liberta do alcoolismo, por exemplo, pode ter mais impacto sobre a vida de um filho, quer ele lute com o mesmo problema quer não.

Peça a Deus que lhe mostre áreas de sua vida em que você continua sofrendo as consequências de algo que precisa ser rompido. Peça-lhe que abra seus olhos para tudo o que não deve ter lugar em sua vida. Peça-lhe que lhe mostre onde você não tem andado em obediência à vontade e às leis dele. Quando somos purificadas dos vestígios de todo pecado, não transmitimos nenhuma propensão a ele a nossos filhos.

Nunca é tarde demais para começar a amar a Deus e a viver de modo a colher os benefícios de sua misericórdia. Não importa o que tenha acontecido ou esteja acontecendo na vida de seu filho, não é tarde demais para que a libertação, a cura e a redenção divina transformem as circunstâncias de maneira maravilhosa. E tudo pode começar com você.

Você não deseja transmitir a seus filhos lembranças de uma espiritualidade desprovida de amor, vida, poder e fervor.

Antes, deseja mostrar-lhes um relacionamento amoroso, dinâmico, poderoso, fervoroso, empolgante, repleto de esperança, atraente e vivo com o Senhor. Deseja que seus filhos conheçam o Senhor como o Deus todo-poderoso, para o qual nada é impossível. Vale a pena orar para que Deus revele a você e a seus filhos áreas nas quais vocês precisam ser libertos e pedir que o Espírito Santo transborde em todos vocês com sua presença libertadora.

Lembre-se das palavras de Jesus: "E conhecerão a verdade, e a verdade os libertará" (Jo 8.31-32). Ele estava se referindo à verdade *de Deus*. Ao falar sobre a presença do Espírito do Senhor sobre ele, Jesus afirmou que Deus o havia ungido "para libertar os oprimidos" (Lc 4.18). Podemos ser libertas de algo toda vez que lemos a Bíblia e o Espírito Santo lhe dá vida em nosso coração. Precisamos pedir libertação para nós e nossos filhos a fim de que Deus possa nos libertar de modo completo.

Ore para que seus filhos conheçam a verdade que liberta. Eles, contudo, precisam ter o desejo de ser libertos e de se livrar de todo pecado. Se você tem um filho que não deseja ser liberto de alguma coisa da qual gostaria de vê-lo liberto, ore para Deus mostrar a ele a necessidade de ser solto das cadeias que o prendem. Ore para que ele deseje a liberdade mais do que a servidão.

Não tenho dúvida: a oração constante, incessante, incansável é a chave para a liberdade e o livramento tanto para você como para seus filhos. Deus pode mudar as circunstâncias de forma radical como resposta a orações. Ore para que Deus ilumine a prisão em que seus filhos se encontram encarcerados a fim de que vejam o Espírito Santo com clareza e o sigam em direção à liberdade.

Com a libertação, Deus concederá, ainda, *restauração* do que foi tirado de nossa vida por estarmos presos a algo. Não importa o que você ou seus filhos perderam — tempo e oportunidades, relacionamentos, saúde, habilidades, liberdade —, você pode pedir restauração, e o Senhor a concederá, segundo a vontade dele. É importante que se lembre de pedir segundo a vontade de Deus (cf. 1Jo 5.14-15).

Ainda que tenham sido criados no melhor dos lares cristãos, é raro os filhos passarem intactos pela infância e adolescência. Algo que alguém disse ou fez, ou deixou de dizer ou fazer, algo que viram ou alguma experiência que tiveram pode perturbar sua jovem mente e ferir seu coração. Relações rompidas e não curadas nem restauradas podem afetar todos os outros relacionamentos deles, especialmente o relacionamento com Deus. Se algum de seus filhos passou por experiências que marcaram o coração dele, você pode orar para que ele seja liberto de todas as lembranças dolorosas.

Você não precisa orar sozinha. Peça a seu marido ou a outros cristãos maduros e dedicados ao Senhor que orem com você. As orações de outras pessoas salvaram minha vida e me conduziram ao Senhor. Minha mãe sofria de problemas mentais e abusava de mim física e verbalmente. Tentei de tudo para me libertar da dor da infância, mas só encontrei mais depressão, raiva, medo e desespero. A cada dia sentia que estava afundando um pouco mais num buraco escuro, do qual temia não ser capaz de sair. Mas as orações de outros me tiraram do buraco, me libertaram da depressão, do medo e da ansiedade; me transformaram completamente e me tornaram plena.

Perdi muitos anos vivendo de modo errado, mas Deus restaurou esses anos de formas inimagináveis. Se ele pôde fazer isso por mim, imagine quanto ele pode fazer por um filho que tem uma mãe que ora fervorosamente por ele.

Cada passo que damos em direção à renovação da mente e da alma no Senhor nos torna mais semelhantes a Cristo. É verdade que ainda temos um longo caminho a percorrer, mas cada momento de transformação nos aproxima da plenitude que Deus tem para nós.

Isso quer dizer que, apesar das cadeias que possam prender nossos filhos, suas orações são muito importantes para a libertação deles. Sem dúvida, há coisas que seus filhos precisam fazer por si mesmos. Ore para que se revistam de retidão, louvor, humildade e fé. E saiba que Deus honrará *sua* retidão, *seu* louvor, *sua* humildade e *sua* fé em oração até esses elementos começarem a funcionar na vida *deles*.

> Senhor, a tua Palavra diz que respondes aos que te buscam, livrando-os dos seus temores. Por isso, eu te busco hoje, crendo que me ouves. Peço que libertes meus filhos do medo que ameaça subjugá-los. Inunda-os com teu amor e elimina todo medo e dúvida. Faze-os sentir tua presença amorosa que em muito excede qualquer tipo de medo. Ajuda-os a confiar em teu poder de tal maneira que se estabeleça uma grande confiança em ti.
>
> Dá-lhes discernimento para que possam reconhecer e identificar toda evidência falsa apresentada pelo diabo, tudo o que não tenha fundamento na realidade. Quando houver perigo verdadeiro ou motivo para terem medo, dá-lhes sabedoria, protege-os e aproxima-os de ti. Ajuda-os a não negar seus medos, mas a levá-los a ti em oração e deles buscar libertação.
>
> Peço-te ainda que eles encontrem a liberdade que lhes reservastes. Livra-os de tudo o que os separa de ti. Peço o derramamento do teu Espírito Santo de libertação sobre eles para que cadeias possam se romper nas áreas da vida deles em que se encontram presos. Quer tenham sido aprisionados por seus próprios pecados, quer por mentiras e planos do Inimigo, peço que os libertes e que encontrem liberdade em Cristo.

Não sei de tudo que meus filhos precisam ser libertos, mas tu sabes. Resplandece tua luz em todos os lugares que precisam ser iluminados. Revela os obstáculos para o crescimento deles, pois és mais poderoso que qualquer artimanha do diabo.

Não permitas que eu esmoreça, mas que persevere sempre em oração por meu filhos. Em nome de Jesus, teu Filho. Amém.

CAPÍTULO 12

Para que tenham bons relacionamentos

Ter amigos é muito importante. Relacionamentos fazem parte de uma vida saudável. Cultivar relações de amizade é saudável, mas também pode revelar-se muito perigoso. Tudo depende de quem são nossos amigos, pois toda amizade exerce forte influência sobre nós. Daí a necessidade de sabermos escolher nossos amigos.

A experiência nos ensina muito, e passamos a ser cautelosos com relação às pessoas que trazemos para nosso círculo mais chegado. Por isso, precisamos desde cedo orar para que nossos filhos desenvolvam bons relacionamentos, sólidos e firmados na Palavra de Deus: "O homem honesto é cauteloso em suas amizades, mas o caminho dos ímpios os leva a perder-se" (Pv 12.26). Se não queremos que nossos filhos se percam, precisamos orar para que sejam cautelosos na escolha de seus amigos. Orar e orientá-los é fundamental, especialmente hoje, com a disseminação das redes sociais pela internet. Sabedoria e discernimento da parte de Deus tornaram-se mais que necessários.

Converse com eles sobre seu dia a dia. Procure conhecer os amigos. Faça parte das redes sociais também. Informe-se sobre o que se está discutindo. O conhecimento é a base para que você possa orientá-los de modo adequado. Paralelamente, ore e peça discernimento e sabedoria para você também. Para saber como lidar com isso tudo e como orientá-los. Se você detectar uma amizade nociva para seu filho, procure orientá-lo e, se ele resistir a afastar-se dela, ore a Deus para que ele lhe abra os olhos.

Os pais devem ajudar os filhos a entenderem que a principal qualidade que se deve procurar em um amigo nada tem a ver com aparência, talento, riqueza, esperteza, influência, inteligência, popularidade, mas sim com a intensidade com que ele ama e teme ao Senhor. A pessoa que fará o que for preciso para viver de acordo com a perfeita vontade de Deus é o tipo de amizade saudável para seus filhos. Deus não deseja que eles se coloquem em "jugo desigual" com os descrentes (2Co 6.14). Isso, contudo, não significa que eles não devem interagir com pessoas que não conhecem Jesus. Todos nós, cristãos, somos ferramentas de Deus para alcançar pessoas para o seu reino. Mas os nossos relacionamentos mais chegados, aqueles que mais nos influenciam, precisam ser com pessoas que amem e temam a Deus. Se seus filhos não têm amigos chegados que sejam cristãos, peça a Deus para enviar alguns. O Senhor certamente o fará.

Ore para que diferenciem os amigos preciosos dos indesejáveis

Toda mãe deseja que os filhos possam ver os sinais identificadores dos amigos preciosos, distinguindo-os daqueles indesejáveis. Não se trata de tarefa fácil, principalmente quando são muito jovens e, portanto, bem mais influenciáveis. Acompanhar de perto seus relacionamentos, nessa fase em especial, é muito importante. Persevere em orar para que Deus lhes permita enxergar que um amigo precioso possui as seguintes características:

1. *Fala a verdade com amor e dá bons conselhos.* "Quem fere por amor mostra lealdade, mas o inimigo multiplica beijos"

(Pv 27.6). Há coisas que escapam a nosso campo de visão. Precisamos de pessoas que nos ajudem a ver a verdade com relação a nós e a nossa vida. Precisamos de pessoas que nos digam se estamos saindo da linha. E precisamos ter o tipo de relacionamento que não se rompe quando a verdade é dita com amor. O bom amigo não se furtará a nos dar um bom conselho: "Perfume e incenso trazem alegria ao coração; do conselho sincero do homem nasce uma bela amizade" (Pv 27.9). O verdadeiro amigo não receia aconselhar. Ao contrário, amizade sólida e genuína mantém os canais de comunicação sempre abertos.

2. *Ajuda o amigo a se tornar uma pessoa melhor.* "Assim como o ferro afia o ferro, o homem afia o seu companheiro" (Pv 27.17). Todo verdadeiro amigo quer o melhor para o amigo; quer vê-lo se tornar uma pessoa melhor, e participar desse processo é gratificante para ele. O bom amigo não quer aproveitar-se do outro, mas contribuir sempre para o sucesso e o crescimento pessoal dele.

3. *Ajuda o amigo a se tornar uma pessoa mais sábia.* "Aquele que anda com os sábios será cada vez mais sábio, mas o companheiro dos tolos acabará mal" (Pv 13.20). O verdadeiro amigo pensa sempre no progresso intelectual do companheiro, recomendando bons livros, bons programas, compartilhando experiências.

4. *Não se afasta em momentos difíceis.* "Quem tem muitos amigos pode chegar à ruína, mas existe amigo mais apegado que um irmão" (Pv 18.24). É nos momentos mais difíceis que conhecemos o verdadeiro amigo. Ele não está conosco apenas quando as coisas andam bem, mas é companheiro fiel em qualquer circunstância, sobretudo nas mais complexas. Ele se importa realmente conosco.

5. *Ama o amigo mesmo quando ele comete erros.* "O amigo ama em todos os momentos; é um irmão na adversidade" (Pv 17.17). É fácil ficar com uma pessoa quando ela está

agindo bem. Mas o fato é que nem sempre agimos corretamente. O verdadeiro amigo procura compreender nossas ações e nos admoestará em amor. Não fechará os olhos aos nossos erros, pois, se o fizer, não estará sendo um verdadeiro amigo. Ele o ajudará a ver seu erro. Orarão juntos. Verdadeiros amigos cumprem fielmente Eclesiastes 4.9-10: "É melhor ter companhia do que estar sozinho, porque maior é a recompensa do trabalho de duas pessoas. Se um cair, o amigo pode ajudá-lo a levantar-se. Mas pobre do homem que cai e não tem quem o ajude a levantar-se!".

Precisamos orar para que nossos filhos cultivem boas amizades. Estejam com pessoas que os ajudem a andar no bom caminho. Oriente-os para que possam avaliar, eles mesmos, suas escolhas no campo da amizade. Peça-lhes que orem a Deus para que ele lhes mostre se as amizades deles lhe agradam e o exaltam. Se seu filho tem algum amigo que você desaprova, não hesite: dobre o joelho e ore sem cessar. Peça a Deus que os ajude a identificar, em seu rol de amizades, os sete sinais de um amigo indesejável:

1. *Não teme a Deus e não se importa se fere os outros.* "Mas agora estou lhes escrevendo que não devem associar-se com qualquer que, dizendo-se irmão, seja imoral, avarento, idólatra, caluniador, alcoólatra ou ladrão. Com tais pessoas vocês nem devem comer" (1Co 5.11).

2. *Nunca muda e é instável.* "Não se associe aos dissidentes, pois terão repentina destruição, e quem pode imaginar a ruína que o Senhor e o rei podem causar?" (Pv 24.21-22).

3. *Frequentemente se irrita com alguma coisa.* "Não se associe com quem vive de mau humor, nem ande em companhia de quem facilmente se ira; do contrário você acabará imitando essa conduta e cairá em armadilha mortal" (Pv 22.24-25).

4. *Oferece maus conselhos e desagrada a Deus.* "Como é feliz aquele que não segue o conselho dos ímpios, não imita a conduta dos pecadores, nem se assenta na roda dos zombadores!" (Sl 1.1).

5. *Não obedece à lei de Deus.* "Não se ponham em jugo desigual com descrentes. Pois o que têm em comum a justiça e a maldade? Ou que comunhão pode ter a luz com as trevas? Que harmonia, entre Cristo e Belial? Que há de comum entre o crente e o descrente?" (2Co 6.14-15).

6. *É tolo e age impensada e inconsequentemente.* "Aquele que anda com os sábios será cada vez mais sábio, mas o companheiro dos tolos acabará mal" (Pv 13.20).

7. *Não reverencia Deus nem suas leis.* "Sou amigo de todos os que te temem e obedecem aos teus preceitos" (Sl 119.63).

Costumo orar pelos amigos de meus filhos, e quase todos têm-se mostrado excelentes pessoas. Uma vez ou outra meus filhos se tornaram amigos de algumas pessoas contra as quais eu, como mãe, tinha restrições, mas não porque não gostasse delas. Na verdade, em todos os casos, eu gostava muito delas, mas não apreciava o tipo de influência que exercem sobre meu filho nem o resultado que a amizade entre eles produzia. Para resolver a situação, eu orava. Orava para que aquela criança fosse transformada ou fosse afastada da vida de meu filho. Em todos os casos minha oração foi respondida e, em vários deles, como ficou demonstrado com o passar do tempo, minhas apreensões mostraram que tinham fundamento. As crianças que despertaram minha preocupação tornaram-se adultos cheios de problemas.

Seus filhos têm amizade com alguém que, em sua opinião, não é boa influência na vida deles? Alguém que se enquadra na categoria de "amigo indesejável"? Se tiverem, escreva uma oração pedindo a Deus que transforme essa pessoa ou que a afaste do convívio de seus filhos. Se não consegue se lembrar de alguém com essas características que esteja se relacionando com seus filhos, ore ao Senhor pedindo para revelar alguma amizade que esteja produzindo efeito negativo neles. Orar para que os filhos tenham amigos tementes a Deus surtirá bons resultados na vida deles.

Ore para que façam parte de uma família espiritual temente ao Senhor

Ore para que Deus lhe conceda a graça de oferecer a seus filhos um ambiente espiritual saudável em que possam desenvolver sua fé. Ensine-os desde cedo a amar a igreja, a frequentá-la, a aprender a Palavra, a fazer parte de um grupo de crianças, adolescentes ou jovens que amem ao Senhor. Frequentar uma boa igreja é importante, pois proporciona o melhor ambiente para que relacionamentos saudáveis possam se formar e consolidar.

Desde cedo, precisamos encorajá-los a conviver com os que amam ao Senhor, e o melhor espaço para isso ainda é a igreja, o corpo de Cristo, formada por aqueles que receberam o Senhor Jesus como Senhor e Salvador. Isso não significa que nunca terão problemas em nenhum de seus relacionamentos numa igreja local, ou que, se os tiverem, será sinal de que estão no lugar errado. A igreja é um agrupamento de pessoas, de seres humanos falhos, mas temos o Espírito Santo de Deus que sempre nos ajuda a lidar com questões mais difíceis, a restaurar relacionamentos. É um aprendizado, e eles precisam aprender a preservar os relacionamentos com a família espiritual, em oração, e nós, mães que oram, podemos ajudá-los nesse processo.

O modo como se relacionarem com as pessoas na igreja afetará a qualidade de vida de seus filhos no Senhor, pois ele sempre coloca na vida deles pessoas que o temem. É um convívio benéfico. O convívio com uma família espiritual não está isento de conflitos, mas eles serão resolvidos sob a graça, misericórdia e orientação de Deus. Essa experiência lhes permitirá conviver de modo mais sábio quando tiverem de alçar voos, sozinhos, no mundo adulto.

Quando criamos os filhos nos caminhos de Deus, rodeados de pessoas que o temem, diminuiremos as chances de eles se afastarem do Senhor na vida adulta, de se deixarem levar pelas armadilhas do Inimigo. O diabo ruge ao redor deles, pois não deseja que façam parte de uma família espiritual nem desenvolvam vínculos que honrem a Deus. Precisamos ajudá-los a não fazerem a vontade do inimigo, mas a do Senhor (Jo 15.14).

Ore continuamente pelos relacionamentos de seus filhos

Orar para que os filhos tenham bons amigos é importante, mas também precisamos orar para que eles sejam bons amigos. Peça a Deus que lhes conceda um coração puro e amoroso e que também coloque no caminho deles pessoas comprometidas com o Senhor de modo que possam desenvolver relacionamentos que glorifiquem e honrem a Deus.

Um dos meus períodos de intercessão mais ardentes em relação aos amigos de meus filhos ocorreu quando nos mudamos da Califórnia para o Tennessee. Sabendo das dificuldades que meus filhos enfrentariam todos os dias, nos meses anteriores e depois da mudança, eu pedia:

> Senhor, ajuda meus filhos a encontrarem amigos cristãos. Sei que *tu* nos trouxeste para cá, e que não deixarás meus filhos abandonados. Minha preocupação é que, ansiando por serem aceitos, eles façam amizade com crianças que não tenham padrões morais tão elevados quanto os teus. Coloca exemplos cristãos na vida deles.

Os primeiros seis meses foram muito solitários para Christopher e Amanda, e muitas vezes passei a noite acordada orando por eles. Não havia mais nada que eu pudesse fazer. Não era possível intervir e reuni-los com bons amigos como eu fazia quando eram mais jovens. E, mesmo que eu tivesse tomado alguma atitude, nunca teria feito um trabalho tão bom como o que Deus realizou em resposta a minhas orações. Eles acabaram encontrando amigos como nunca tiveram. Não foi por mera coincidência ou um final feliz de conto de fadas, mas resultado da oração intercessora, do clamor a Deus: "Senhor, ajuda meus filhos a atraírem amigos cristãos e bons exemplos". A Palavra de Deus é clara ao nos instruir:

> *Não se ponham em jugo desigual com descrentes. Pois o que têm em comum a justiça e a maldade? Ou que comunhão pode ter a luz com as trevas? Que harmonia entre Cristo e Belial? Que há de comum entre o crente e o descrente?*
>
> 2Coríntios 6.14-15

Embora esse texto não queira dizer que nossos filhos não possam ter amigos incrédulos, há uma clara indicação de que seus amigos mais íntimos, aqueles com os quais têm laços mais fortes, devem ser cristãos. "Duas pessoas andarão juntas se não estiverem de acordo?" (Am 3.3). Não, não andarão. O que significa que, se não concordarem, alguém tem de mudar. E por isso o "homem honesto é cauteloso em suas amizades, mas o caminho dos ímpios os leva a perder-se" (Pv 12.26). Se seus filhos não têm amigos próximos cristãos, comece a orar agora mesmo por este objetivo. Ore também para que os amigos incrédulos aceitem Cristo.

Muitas vezes os pais se sentem impotentes para agir contra a má influência que algumas pessoas exercem na vida dos filhos. Mas não somos impotentes. Temos *o poder de Deus* e a *fidelidade de sua Palavra* sustentando-nos. Não espere que seu filho venha a desviar-se do caminho por influência de uma amizade imprópria. Há muitos textos na Bíblia sobre a importância dos companheiros com quem andamos, e não podemos nos manter passivos em relação a isso. Sabemos que os amigos exercem grande influência sobre eles, por isso oremos:

> Senhor, dá-nos o discernimento inspirado pelo Espírito Santo para que saibamos orientar e influenciar nossos filhos na escolha de amigos. Abençoa cada relacionamento deles. Ajuda-os a escolherem amizades com sabedoria para que não se desviem de teu caminho. Dá-lhes discernimento e força para que se afastem das más influências. Não permitas que andem em companhia de insensatos.
>
> Peço que lhes concedas amigos cristãos e mentores exemplares, pessoas de confiança, de bom coração e amorosas. Que sejam, sobretudo, pessoas de fé sólida em ti e que os inspirem a solidificar mais e mais a deles.
>
> Sempre que houver tristeza pela perda de um amigo, que tu os confortes e envies novos amigos. Afasta o sentimento de solidão e de baixa autoestima, que pode levá-los a buscar amizades que não te glorifiquem.
>
> Em nome de Jesus, pedimos que lhes ensines o verdadeiro significado da amizade, como ser um bom amigo e desenvolver relacionamentos sólidos, próximos e duradouros. Amém.

CAPÍTULO 13

Para que encontrem o par perfeito

Se seus filhos estão distantes da idade de casar-se, você talvez considere desnecessária ou prematura a leitura deste capítulo. No entanto, creio que vale a pena orar por isso desde cedo. Comecei a orar pelos respectivos cônjuges de meus filhos logo depois do nascimento deles. Isso mesmo! Parece estranho, não é? Oro também para que o espírito de divórcio jamais tenha lugar na vida deles.

Depois da decisão de aceitar Cristo, o casamento é o passo mais importante na vida dos filhos, o passo que influenciará o resto da vida deles e de outros membros da família. Uma decisão errada pode trazer dor e sofrimento para todos os envolvidos. Só Deus é capaz de saber quem será o melhor cônjuge para cada um, e ele deve ser o primeiro a ser consultado e a dar a palavra final, desde o começo.

Quando me lembro das pessoas conhecidas que tiveram casamentos infelizes, cônjuges ofensivos, sofreram com a infidelidade conjugal, casaram-se várias vezes ou tarde demais para ter filhos ou que, como solteiras, são infelizes, um fato me vem à mente: nenhuma delas teve pais que intercedessem em seu favor quanto ao parceiro no relacionamento matrimonial.

Em contrapartida, conheço casais perfeitamente ajustados ao casamento, que não enfrentaram os problemas mencionados.

Não causa surpresa saber que todas as pessoas tiveram pais que oraram por elas sobre o assunto ou elas, individualmente, oraram e esperaram até certificarem-se de haver encontrado o par escolhido por Deus. Essas pessoas também não pulavam de um namoro para outro, nem ignoravam as normas de Deus quanto à pureza sexual. Elas se guardavam puras para o par que Deus havia preparado, e foram grandemente recompensadas.

Como resultado de minhas observações e da minha própria experiência, creio que o casamento pode, literalmente, ser realizado no céu quando pedimos ao casamenteiro por excelência, Deus. Isso pode soar até engraçado, mas é fato. Nenhuma área de nossa vida pode escapar à soberania do Senhor. Cerimônias suntuosas não produzem casamentos felizes. Só Deus é capaz de concretizar isso. A Bíblia diz: "Muitos são os planos no coração do homem, mas o que prevalece é o propósito do Senhor" (Pv 19.21). Não são os organizadores da festa que levam os noivos a trilhar o caminho certo. Consultar o Senhor e obedecer a sua orientação, sim. Só a oração é capaz de fazer nossos filhos buscarem continuamente Deus e não correr atrás das próprias emoções. Por isso, comece hoje mesmo a orar para que seu filho encontre o par perfeito, o par que Deus lhe reservou. Mesmo que ele seja apenas um bebê. E, ao fazê-lo, considere questões como as que menciono a seguir.

Ore para que seus filhos percebam os perigos do jugo desigual e escolham um cônjuge cristão

Isaque e Rebeca, personagens bens conhecidos do Antigo Testamento, ficaram extremamente perturbados quando seu filho Esaú se casou com uma mulher cuja fé era muito diferente da fé e da cultura de sua família. Pior, ele se uniu a várias outras mulheres incrédulas (Gn 26.34). As esposas de Esaú "amarguraram a vida de Isaque e de Rebeca" (Gn 26.35), e Esaú sabia que "seu pai Isaque não aprovava as mulheres cananeias" (Gn 28.8).

Por causa dessa escolha de Esaú, Rebeca disse ao marido que estava cansada da vida e que, se Jacó, o irmão gêmeo de Esaú, fizesse o mesmo, ela não veria mais sentido em viver. "Estou desgostosa da vida, por causa destas mulheres hititas. Se Jacó escolher esposa entre as mulheres desta terra, entre mulheres hititas como estas, perderei a razão de viver" (Gn 27.46). Rebeca instruiu Jacó a ir à terra da família dela e encontrar para si uma esposa que fosse bênção para ela e Isaque. Isaque ordenou a Jacó: "Não se case com mulher cananeia" (Gn 28.1*b*). Jacó não devia se casar com uma mulher incrédula, mas procurar sua família em outra terra e dentre ela escolher uma esposa.

Jacó seguiu a instrução do pai e encontrou amor verdadeiro, a maior bênção de sua vida, Raquel, que lhe deu como filho um dos maiores líderes da história de Israel, José. Ele salvou seu povo da destruição certa. Deus usou Jacó, não Esaú, para formar as doze tribos de Israel, seu povo, do qual veio Jesus, o Messias.

Temos aqui dois filhos *educados pelos mesmos pais tementes a Deus*. Um se comportou de forma insensata, e o outro agiu de forma sábia; um obedeceu aos pais, e o outro desobedeceu deliberadamente ao desejo de seus pais; um transmitiu a promessa a sua linhagem, e o outro abriu mão dessa bênção; um se casou com uma mulher que abraçava a mesma fé de sua família; o outro optou não por uma, mas por várias incrédulas.

O casal Isaque e Rebeca não estava sendo caprichoso. O casamento deles, na verdade, aconteceu porque o pai de Isaque também se havia preocupado com a futura companheira do filho. Abraão não desejava que Isaque se casasse com uma incrédula, uma cananeia, mas com alguém da mesma fé que sua família. Para isso, ele instruiu um servo de sua total confiança a encontrar uma esposa para Isaque. Disse-lhe que Deus enviaria um anjo a fim de preparar o caminho para que ele encontrasse a esposa que o Senhor havia preparado para Isaque

(Gn 24.3-7). Fica evidente que Abraão conversou com Deus a respeito do assunto e orou especificamente por uma esposa para o filho. Abraão apenas seguiu a direção de Deus.

O servo partiu e orou para ser bem-sucedido. Ao chegar à terra da família de Abraão, aproximou-se do poço de onde o povo do vilarejo tirava água e pediu que Deus lhe mostrasse a futura esposa de Isaque. Orou especificamente por um sinal: a jovem a quem ele pedisse água para beber a daria não apenas a ele, mas também a ofereceria aos seus *camelos*. Se isso acontecesse, ele saberia que era a mulher escolhida por Deus para ser esposa de Isaque. Junto ao poço, o servo encontrou Rebeca, que lhe ofereceu água e também a seus camelos. Apesar disso, enquanto a moça tirava água do poço, o servo orou outra vez em silêncio e esperou que Deus confirmasse ser ela a escolhida.

Apenas quando Deus lhe confirmou, o servo entregou a Rebeca as joias que havia trazido para presenteá-la. O servo, então, curvou-se e adorou ao Senhor, agradecendo-lhe por tê-lo conduzido àquele local e à família de seu senhor. O servo relatou a Rebeca e a seus familiares como Abraão havia prometido que um anjo iria adiante dele e lhe daria êxito na tarefa de encontrar uma esposa para Isaque (Gn 24.12-40).

Essa linda história de um pai que pediu ao Senhor que dirigisse a escolha da companheira perfeita para seu filho adulto pode ser aplicada a nossa vida. Claro que havia motivos para que Isaque não fosse procurá-la pessoalmente. Em nossa cultura, não saímos em busca de um cônjuge para o filho adulto e arranjamos o casamento, apesar de, por vezes, ser uma ideia tentadora. Mas é ainda melhor podermos buscar o Senhor e pedir que ele arranje tudo. Podemos orar para que ele dirija nosso filho adulto ao lugar certo, na hora certa, a fim de encontrar a pessoa certa. E o Senhor ouvirá nossas orações.

Portanto, oremos, primeiramente, por aquilo que sabemos ser da vontade de Deus. Abraão não procurou uma esposa entre os incrédulos. Procurou entre sua família temente a Deus. Como cristãos, os membros da nossa família são os outros cristãos, irmãos e irmãs em Cristo. Nossa primeira oração deve ser: "Senhor, coloca uma moça íntegra e cristã na vida de meu filho para ser esposa dele"; "Senhor, peço que minha filha encontre um homem cristão e íntegro para ser o marido dela". Essa oração não é discriminatória, mas um anseio legítimo por parte das mães. Você pode deixar claro que seu maior desejo para eles é que se casem com uma pessoa cristã, pois essa é a vontade perfeita de Deus para eles. Querer uma pessoa *maravilhosa*, íntegra e temente a Deus é desejar o melhor para eles.

Com um cônjuge cristão, seus filhos podem construir uma vida boa e sólida sobre o fundamento firme dos padrões divinos. É triste pensar na possibilidade de ver um filho casado com alguém que não crê em Deus e que, portanto, não segue Cristo. O casamento é suficientemente difícil sem o jugo desigual e a incapacidade de edificar um fundamento firme no Senhor. Por isso, você precisa orar para que seu filho encontre um cônjuge que faça parte da família de Cristo. Sem o Senhor, o casamento é a decisão mais arriscada que alguém pode tomar. Quando deixamos de convidar Deus para assumir o controle, não há como prever o resultado.

Se, contudo, seus filhos já estiverem casados com uma pessoa não cristã, console-se em saber que é da vontade de Deus responder a todas as orações por salvação. Você pode orar para que ele toque seu genro ou sua nora com amor e verdade divinos e os conduza ao reino. Peça-lhe que use você e outros cristãos a fim de se tornarem canais do amor perfeito e maravilhoso de Deus. Tenho duas amigas muito próximas casadas com homens incrédulos, e são dois dos homens mais íntegros que conheço. No entanto, embora levem uma vida mais semelhante a Cristo que muitos cristãos, precisam reconhecer no coração que Jesus é Senhor. Ainda que saibam viver do modo que Deus deseja, sem conhecê-lo, precisam de um relacionamento com Jesus e da plenitude do Espírito Santo dentro deles a fim de terem o futuro eterno com o Senhor e mais bênçãos no presente. Não cessamos de orar por isso e crer que Deus romperá a incredulidade deles.

Ore para que seus filhos se casem com alguém de caráter íntegro

Outro aspecto importante pelo qual o servo de Abraão orou em relação à esposa de Isaque dizia respeito à natureza do caráter de Rebeca. Ele desejava encontrar uma mulher que oferecesse ajuda a um viajante. Rebeca não hesitou em lhe dar água e, mais que depressa, se ofereceu para dar de beber aos camelos. Não demonstrou pouca vontade nem se mostrou relutante. A bondade fazia parte de seu caráter. Ela não apenas *atendeu* ao *pedido* dele, como também *ofereceu* aquilo pelo que ele havia *orado*. Foi muito além da boa educação. Com graça, gentileza e generosidade, Rebeca também lhe ofereceu hospedagem (Gn 24.21-25).

Quando era pequena, eu vivia em um sítio. Plantávamos milho e trigo e criávamos algumas cabeças de gado. Na casa, não havia energia elétrica nem água encanada. Usávamos lampiões a gás, e o banheiro ficava numa casinha. A água era tirada do poço. Se estávamos com sede, precisávamos pegar um balde limpo, amarrá-lo a uma corda, baixá-lo no poço e depois puxar para cima. Para tomar banho, tínhamos de tirar água do poço e aquecê-la no fogão a lenha. Antes, porém, era preciso rachar a lenha em pedaços que coubessem dentro do fogão. Era um trabalho árduo. Quem já tirou um balde de água do poço e carregou-o até a cozinha sabe do que estou falando. Tirar água do poço é tão trabalhoso que, apesar de não ser problema atender ao pedido de um viajante sedento, com certeza você pensaria duas vezes antes de oferecer tirar vários cântaros de água para os camelos. Uma pessoa compassiva, generosa e atenciosa como Rebeca, porém, o faria sem hesitar.

A Bíblia diz que Rebeca era de bela aparência. Sem dúvida, boa parte dessa beleza era interior e vinha de seu caráter. Não há nada de errado, porém, em pedir a Deus uma esposa bonita para seu filho ou um marido bonito para sua filha. Não quero dizer que precisam seguir os padrões que a sociedade considera ideais, mas que sejam sempre atraentes para seu filho ou sua filha. Lembre-se de que Deus pode embelezar o caráter e o espírito de qualquer pessoa. Vi pessoas relativamente pouco atraentes se entregarem ao Senhor e, com a presença do lindo Espírito de Deus dentro delas, se transformarem em pessoas radiantemente belas e atraentes. O importante é a beleza interior, o caráter íntegro e, sobretudo, alinhado à vontade do Senhor.

Ore para que seu filho se case com uma pessoa pura

A Bíblia dá muito valor à pureza sexual (Ef 5.3-5; 1Co 5.18-20). Gênesis 24.16 destaca essa virtude em Rebeca: "A jovem era muito bonita e *virgem*; nenhum homem tivera relações com ela" (grifo da autora). A vontade de Deus para nós é que sejamos sexualmente puros antes do casamento. Hoje, ainda há muitas pessoas que o são. Mas há também muitas pessoas de bom caráter e retas que cometeram erros na área sexual. Ainda que o ideal seja que seu filho encontre uma pessoa pura e que você deva orar por isso, pois é da vontade de Deus, não subestime o poder do Senhor de purificar e redimir alguém que cometeu erros. Purificação e redenção também fazem parte da vontade de Deus. Ele pode colocar na vida de seu filho alguém que foi purificado e redimido, alguém que confessou seus pecados e se arrependeu deles; alguém cujo coração foi purificado de toda mácula moral. Essa pessoa tem uma nova vida e a tem vivido com pureza. Quando Deus purifica, ele faz o serviço completo.

Ore para que seus filhos se relacionem bem com os parentes do cônjuge

Não se esqueça de orar para que seus filhos tenham bom relacionamento com sogros e cunhados. Dificilmente encontramos um relacionamento mais frágil do que esse. Uma relação difícil com a família do cônjuge cria uma situação desagradável, prejudicial e infeliz. Se seus filhos são casados e têm sogros e cunhados, ore para que esses relacionamentos sejam bons e estáveis.

Ore também para que você tenha um bom relacionamento com seu genro ou sua nora. Peça a Deus sabedoria, sensibilidade, generosidade de espírito e amor incondicional a fim de ser a melhor sogra possível. Peça a ele que lhe dê equilíbrio na hora de se comunicar, ajudar e apoiar. Acima de tudo, peça que o amor de Deus flua por você de modo evidente.

Ore por seus filhos, quer tenham encontrado o par perfeito quer não

Se seu filho já está casado com uma pessoa maravilhosa, ore para que Deus abençoe sua nora ou, no caso de sua filha, seu genro. Se, contudo, seu filho ou sua filha se casou com alguém distante, de temperamento difícil ou com alguma característica preocupante, intensifique suas orações para que Deus derrame o Espírito dele sobre sua nora ou seu genro e manifeste no caráter dessa pessoa o fruto do Espírito, que é amor, alegria, paz, paciência, amabilidade, bondade, fidelidade, mansidão e domínio próprio (Gl 5.22-23). Peça a Deus que lhe dê um caráter bondoso, generoso, bonito, atraente e íntegro. É isso que Deus deseja.

Ore para que você ame seu genro ou sua nora de todo o coração. Se você sentir que não tem esse tipo de amor, peça que ele derrame o amor dele de modo tão pleno em seu coração que fluirá de você o tempo todo. Ore para que essa pessoa tenha um firme compromisso com o Senhor. Quer já tenha aceitado Jesus, quer não, ore para que o caráter de Cristo seja formado nela.

> Senhor, se não for do teu desejo que meus filhos fiquem solteiros, peço que envies o cônjuge certo para eles, em teu tempo. Que meus filhos sejam submissos à tua voz quanto ao casamento, e que se decidam com base na tua direção, não no desejo da carne. Suplico que confiem em ti de todo o coração, e não confiem no próprio entendimento; que te reconheçam em todos os seus caminhos, para que tu os dirijas em suas veredas.
> Ajuda-os a perceberem a diferença entre se apaixonar e ter convicção sobre quem é a pessoa com quem desejas que vivam até o fim de seus dias. Caso eles se sintam atraídos por alguém com quem não devem se casar, eu suplico, Senhor, que rompas o relacionamento. Ajuda-os a se conscientizarem de que, se não estiveres no centro do casamento, ele não subsistirá. Mostra-lhes que a pessoa certa deve ser fiel a ti, amar-te e andar em teus caminhos.
> Depois de casados, que não haja divórcio em seu futuro. Que não haja abuso mental, emocional ou físico de qualquer espécie. Concede a cada um deles o forte desejo de viver em fidelidade. Que sejam mutuamente leais, compassivos, atenciosos, sensíveis, respeitosos, perdoadores, amorosos e esteios um do outro todos os dias de sua vida. Em nome de Jesus. Amém.

CAPÍTULO 14

Para que tenham segurança e proteção e uma vida longa e produtiva

Em se tratando da segurança dos filhos, os pais têm muita dificuldade em não vê-los como suas crianças. Quantas mães não dormem enquanto o filho adulto não chega em casa? Se moram longe dos filhos e alguma calamidade se abate sobre a cidade em que o filho vive, é inevitável que liguem para saber se está tudo bem. Sempre sofremos por antecipação. E isso nos acompanha a vida toda.

Começamos a preocupar-nos com nossos filhos e a orar por eles antes mesmo de nascerem. Pedimos que Deus os proteja, os abençoe, os guarde. E continuamos a fazê-lo pelo resto da vida. Não importa se ele já seja até avô. Mães jamais deixam de interceder pelos filhos.

Certa ocasião, minha irmã Suzy e eu pudemos confirmar de modo ainda mais contundente a importância do ministério de oração. Fazemos parte de um grupo de oração com mulheres há mais de vinte anos. Oramos semanalmente, por questões específicas, por nossos filhos, já adultos. Vimos Deus responder várias vezes a nossas orações. Mas lembro-me de um caso em especial. A filha de Suzy, minha sobrinha Stephanie, na época com uns 20 anos de idade, precisou mudar-se temporariamente, e sozinha, para uma cidade quase deserta, enquanto seu marido, Jeremy, atuava no Iraque, a serviço do Exército americano. (Aproveito para acrescentar que Jeremy é, sem dúvida, uma resposta maravilhosa a nossas orações por um marido íntegro e perfeito para Stephanie.)

Susy e eu, então, passamos a orar por ela de forma bem especial no tocante a sua segurança e proteção. E nossas orações foram muito oportunas. Stephanie é sempre muito prudente e organizada, mas numa ocasião, por distração, esqueceu a chave do lado de fora da porta principal e só percebeu, horrorizada, esse lapso ao se levantar pela manhã. O molho de chaves continha não só a chave da casa, mas também as do carro. Haviam ficado ali a noite toda, a apenas alguns metros da rua, com a luz da varanda iluminando-as. Qualquer um poderia ter entrado na casa. Stephanie sabia que Deus a havia protegido. Mais que depressa, telefonou para as mulheres do grupo de oração para contar o ocorrido, e não tivemos dúvidas de que Deus atendera a nossas orações por sua segurança.

Essa experiência é uma entre tantas que vêm reforçando nossa certeza de que devemos orar sempre pedindo ao Senhor segurança e proteção para nossos filhos. Mais que isso, que tenham sabedoria e bom senso para fazer o que é certo. Sim, ao mesmo tempo que pedimos segurança e proteção para eles, também devemos interceder para que não sejam tolos, inconsequentes e irresponsáveis. Ore para que Provérbios 2.6-8 seja uma realidade na vida deles:

> *Pois o SENHOR é quem dá sabedoria; de sua boca procedem o conhecimento e o discernimento. Ele reserva a sensatez para o justo; como um escudo protege quem anda com integridade, pois guarda a vereda do justo e protege o caminho de seus fiéis.*

Vivemos tempos difíceis, por isso há muitos motivos por que devemos orar por nossos filhos:

1. *O medo da violência e da rejeição.* A violência é um mal que se abate com cada vez mais intensidade, sobretudo em grandes centros urbanos. Mas não é só a violência que ameaça nossos filhos. O medo de se verem rejeitados pelo meio em que vivem poderá forçá-los a abrir mão dos padrões morais do Senhor, levando-os a fazer escolhas infelizes que não agradam a Deus e das quais se arrependerão. Sabemos que esses perigos estão em volta deles todo tempo, por isso oremos ao Senhor para que aprendam a temer a Deus, não o homem. Que levem em seu coração e mente a palavra do Senhor que diz: "Quem teme o homem cai em armadilhas, mas quem confia no Senhor está seguro" (Pv 29.25).

2. *Confiança em Deus e em sua Palavra.* Os filhos precisam aprender a confiar em Deus. Não basta ensinar-lhes e sermos exemplo para eles. Temos de orar para que confiem em Deus e em sua Palavra. Deus os manterá no caminho certo, pois "ele é um escudo para quem nele se refugia" (Pv 30.5). Temos de orar para que eles vivam na presença de Deus, onde há verdadeira segurança, para que se refugiem e busquem proteção no Senhor. Ao convidarem Deus para habitar os lugares secretos de seu coração, nossos filhos viverão à sombra protetora do Senhor, longe do perigo, como "aquele que habita no abrigo do Altíssimo e descansa à sombra do Todo-poderoso" (Sl 91.1; cf. tb. Sl 91.2-3). Eles precisam reconhecer que a Palavra de Deus age como barreira que os protege dos ataques do inimigo, pois o Senhor os "cobrirá com as suas penas, e sob as suas asas [encontrarão] refúgio; a fidelidade dele será o seu escudo protetor" (Sl 91.4).

3. *Obediência ao Senhor.* Quando vivemos segundo os preceitos de Deus, ele nos mantém no caminho certo, dando-nos força e perseverança para que nos sintamos protegidos: "Se você fizer do Altíssimo o seu abrigo, do Senhor o seu refúgio, nenhum mal o atingirá, desgraça alguma chegará à sua tenda" (Sl 91.9-10).

4. *Ministério dos anjos*. A Bíblia chama os anjos de "*espíritos ministradores* enviados para servir aqueles que hão de herdar a salvação" (Hb 1.14, grifos da autora). Ela fala com frequência desses seres extraordinários em "força e poder" (2Pe 2.11), os quais o Senhor usa para dar segurança e proteção a seus servos. Ore ao Senhor para que ele envie seus anjos para proteger seus filhos, assim como ele os usou para instruir José sobre como manter Maria e Jesus em segurança (Mt 2.13). Os apóstolos Pedro e Paulo também tiveram o privilégio da visitação miraculosa de anjos (cf. At 12.7-11; 27.23-24).

Ore para que seus filhos superem fases difíceis

Sempre nos preocupamos quando os filhos passam por essas fases. Todos temos momentos assim na vida, mas, quando se trata da vez deles, parece que é mais difícil para nós do que quando acontecem conosco. Sofremos com eles e não queremos que se firam. Sabemos, no entanto, que Deus usa essas circunstâncias para o nosso bem, para nosso aprendizado e fortalecimento no Senhor. Isso significa que nem sempre seremos protegidos *das* dificuldades, mas sempre seremos protegidos *nas* dificuldades. Por isso é importante que os filhos saibam disso e que oremos para que Deus lhes dê esse entendimento, pois o "nome do Senhor é uma torre forte; os justos correm para ela e estão seguros" (Pv 18.10).

Ore para que eles se refugiem sempre no nome de Jesus, onde encontrarão proteção, força e segurança. Muitas vezes, Deus permite que passemos por dificuldades para obter nossa atenção ou ajustar nosso modo de andar com ele. Permite sofrimento como forma de nos disciplinar e nos preparar para o que virá adiante: "o Senhor disciplina a quem ama, e castiga todo aquele a quem aceita como filho" (Hb 12.6). O propósito maior do sofrimento que Deus permite em nossa vida é restaurar o relacionamento correto com ele.

Não é fácil ver os filhos sofrerem. Sentimo-nos impotentes, pois nosso desejo é resolver tudo para vê-los felizes novamente. Mas não podemos. O que podemos e devemos é orar. E orar tem muito mais poder e eficácia do que qualquer ação nossa. Se você tem orado para que Deus chame a atenção de seu filho e faça o que for necessário para colocá-lo no caminho certo e alguma situação adversa ocorrer, pode ser resposta a essas orações. Às vezes, precisamos disciplinar os filhos para que eles não se machuquem, façam o que é certo, obedeçam. Deus faz o mesmo com seus filhos, e a diferença entre a disciplina humana e a divina é que Deus nunca se engana, nunca é injusto, mesmo que pareça difícil entender no momento.

Quando estamos em meio a uma situação difícil, aguardamos com ansiedade o dia em que ela chegará ao fim e poderemos prosseguir com a vida. Deus deseja, contudo, que tenhamos consciência de que nossa vida *está* prosseguindo, mesmo em meio à tribulação. Deseja que saibamos que ele está conosco durante as fases difíceis, que confiemos nele durante e após esses períodos. Devemos orar para que nossos filhos também tenham o mesmo entendimento. É provável que precisemos orar para que nós mesmas compreendamos melhor essas verdades, pois temos dificuldade de nos lembrar delas no meio das provações. Se algo de ruim aconteceu a um de seus filhos, saiba que nenhuma situação vai além do poder de Deus de resgatá-lo, restaurá-lo e abençoá-lo. Quando você ora por seus filhos durante fases difíceis, eles podem sair delas mais fortalecidos e em um relacionamento muito mais profundo com Deus.

Alguns problemas não têm solução fácil, e você e seu filho precisam encarar isso. A verdade, porém, é que *nós* enfrentamos as dificuldades junto com nossos filhos mesmo quando tentamos fingir que o problema é só *deles*. Lembre-se apenas de que, quando convidamos Deus para dentro de uma situação em oração, todas as coisas cooperam para o bem (Rm 8.28). Se o sofrimento que seu filho está experimentando é obra do inimigo, ore para Deus redimir a situação e restaurar o que foi danificado. A restauração faz parte do cerne da vida verdadeira que Deus nos oferece por meio de Jesus Cristo.

Ore para que seus filhos tenham vida longa e produtiva

Não queremos viver mais tempo que os filhos. E também não queremos morrer jovens. Desejamos viver para vê-los adultos, e não só isso. Queremos que tenham vida longa, saudável, produtiva e abençoada. O quinto dos Dez Mandamentos diz: "Honra teu pai e tua mãe, *a fim de que tenhas vida longa* na terra que o Senhor, o teu Deus, te dá" (Êx 20.12, grifos da autora). Quando o apóstolo Paulo instrui os filhos a obedecerem aos pais, diz que devem honrá-los "para que tudo te corra bem e tenhas longa vida sobre a terra" (Ef 6.1-3).

Os filhos precisam *ser ensinados* a honrar os pais, não apenas por amor e respeito a eles, mas por temor ao Senhor. Honrar os pais é também uma forma de obedecer a Deus. Precisam entender o que Deus espera deles e ter o desejo de agradá-lo. Se seu filho a trata de forma desrespeitosa ou apenas com tolerância, sem valorizá-la, ore para que o coração dele seja transformado. Se o desrespeito não for corrigido na infância, é bem provável que permaneça na vida adulta. Não obstante a idade de seus filhos, porém, você não deve permitir que a desrespeitem.

Também é importante quando um dos pais defende o outro. Gosto quando um pai diz: "Não fale com sua mãe desse jeito". O princípio também se aplica a filhos. Não permita que seus filhos desonrem o pai, pois você estará contribuindo para a queda deles. Os filhos devem sempre respeitar, valorizar e honrar os pais.

Se desejamos que os filhos tenham uma vida longa e produtiva, precisamos orar para que honrem os pais. Precisamos orar, também, por nós mesmas, para que amar e honrar sejam naturais neles. O amor é a melhor forma de inspirar honra. Diga ao Senhor: "Ensina-me como demonstrar amor por meus filhos de maneira a inspirar honra".

Algumas situações são tão complicadas que é difícil honrar os pais. Ainda assim, é um mandamento. Conheço uma mulher cristã que agora cria os filhos sozinha porque o marido tinha um problema terrível com pornografia e ela não podia permitir que os filhos fossem expostos a essa influência. Apesar de muitos homens terem sido libertos desse mal e encontrado cura, não foi o caso dessa pessoa. Não obstante, a mãe continuou a ensinar os filhos a honrá-lo como pai e não lhes contou o motivo da separação. Quando o filho dela era quase adolescente, confessou à mãe que o pai lhe estava mostrando pornografia e abusando dele sexualmente. Ela ficou arrasada e, por meios legais, providenciou para que o ex-marido perdesse todos os direitos de paternidade. Era uma mulher temente a Deus que estava tentando fazer o que é certo ao ensinar os filhos a honrar o pai, enquanto o pai desonrava a si mesmo. Por vezes, é preciso honrar os pais a distância.

O fato de você ter de pedir que seus filhos a respeitem não é sinônimo de ameaça: "Honrem-me, ou então...". Antes, trata-se da necessidade de impor limites e mostrar-lhes onde começa o desrespeito. Também precisamos pedir a Deus que nos ajude a ser merecedoras desse respeito para que nunca precisemos exigi-lo. Enquanto educávamos nossos filhos, meu marido e eu vimos como uma pequena semente plantada na vida deles pode se transformar em algo grande, para melhor ou pior, para edificar ou destruir, para encaminhar o filho em uma direção ou outra. Podemos plantar sementes em nossos filhos. Podemos dizer-lhes coisas que os edificarão, ajudarão a ver as próprias virtudes, o potencial e propósito, e lhes darão consciência do próprio valor, de modo que não teremos de nos preocupar se eles nos respeitarão. Com essas sementes dentro deles, eles nos honrarão por amor e gratidão.

Peça para Deus ajudá-la a plantar boas sementes. Convido-a a se colocar diante do Senhor em intercessão por seus filhos.

Deus, peço que coloques tua mão protetora sobre meus filhos, que eles confiem em ti como Escudo e Protetor. Onde quer que caminhem, afasta-os do perigo. Que teus anjos os cerquem e guardem a fim de que não tropecem. Ajuda-os a ouvir tua voz. Ensina-lhes a obedecer-te e a glorificar-te.

Quando meus filhos passarem por fases difíceis, sê o defensor deles. Ajuda-os a deixar de lado as obras das trevas e a se revestirem da armadura de luz. Que eles aprendam a clamar a ti na aflição para que os livres da tribulação ou para que lhes alivies a dor da disciplina. Peço que as dificuldades pelas quais venham a passar sejam usadas para glorificar-te e aprofundar o relacionamento deles contigo. Ajuda-os a não perder o ânimo, mas a crer que verão tua bondade na vida deles em todas as situações. Ajuda-os a entender que podem deitar em paz e adormecer logo, pois só tu os fazes viver em segurança. Faço esta oração em nome de Jesus. Amém.

CAPÍTULO 15

Para que descubram e sigam os planos de Deus para o futuro

Como mães, nos preocupamos com o presente e o futuro dos filhos. O que serão quando crescerem? Serão semelhantes a Cristo? Será que se interessarão pelas coisas de Deus e permanecerão nos caminhos dele? Serão companheiros bons e fiéis? Resistirão às tentações e às pressões do mundo? Acharão o par perfeito? Terão bons relacionamentos? Enfim, as perguntas são muitas, mas as respostas só Deus conhece. Ele tem um plano para cada um de nós. E somos incapazes de mudar o que quer que seja sem a anuência dele.

Assim, o que nos cabe é pedir a Deus que cuide dessas questões que nos afligem relativamente a nossos filhos e nos aquiete o coração. Nosso papel é orar, entregar o presente e o futuro deles nas mãos sábias, amorosas e poderosas do Senhor. Se nós os amamos, quanto mais não os ama o Pai? A Bíblia registra esse amor nas palavras de Jesus, em Mateus 7.9-11:

> *Qual de vocês, se seu filho pedir pão, lhe dará uma pedra? Ou se pedir peixe, lhe dará uma cobra? Se vocês, apesar de serem maus, sabem dar boas coisas aos seus filhos, quanto mais o Pai de vocês, que está nos céus, dará coisas boas aos que lhe pedirem!*

Que promessa maravilhosa. Esteja atenta à voz do Senhor, e ore para que seus filhos descubram e sigam sempre os planos de Deus para a vida deles. Que orem por sabedoria, discernimento e revelação da parte de Deus. Ele dirige a nossa vida em todos os detalhes. Se entregarmos a vida de nossos filhos nas mãos de Deus, e orarmos por isso continuamente, o Senhor agirá em seu perfeito tempo. Que nem nós nem eles busquemos fazer as coisas de acordo com a nossa vontade, mas segundo a vontade soberana do Senhor. Veja quantos exemplos temos na Palavra de Deus:

> *Ouçam agora, vocês que dizem: "Hoje ou amanhã iremos para esta ou aquela cidade, passaremos um ano ali, faremos negócios e ganharemos dinheiro". Vocês nem sabem o que lhes acontecerá amanhã! Que é a sua vida? Vocês são como a neblina que aparece por um pouco de tempo e depois se dissipa. Ao invés disso, deveriam dizer: "Se o Senhor quiser, viveremos e faremos isto ou aquilo".*
>
> Tiago 4.13-15

> *O coração do homem pode fazer planos, mas a resposta certa dos lábios vem do Senhor.*
>
> Provérbios 16.1, RA

> *Muitos são os planos no coração do homem, mas o que prevalece é o propósito do Senhor.*
>
> Provérbios 19.21

Nada impede que planejemos com vistas a um futuro imediato ou longínquo. O que não podemos é deixar o Senhor de lado, pois a resposta final é dele, não nossa. E é isso que os filhos devem aprender desde cedo para sua vida. Devem se deixar guiar pelo Senhor. Ser *guiado* por Deus tem a ver com obedecer-lhe e viver de acordo com a vontade dele. Quando a pessoa não age assim, se priva da proteção de Deus. Quantas vezes as pessoas teriam sido poupadas de algo desastroso se tão somente tivessem pedido a Deus que lhes mostrasse o que fazer e lhe obedecido. Se você ora com frequência e pede a Deus que sempre lhe revele a vontade dele, ele o fará. Ensine isso a seus filhos. O Espírito Santo os guiará e lhes falará ao coração. A Bíblia diz: "Quer você se volte para a direita quer para a esquerda, uma voz atrás de você lhe dirá: 'Este é o caminho; siga-o'" (Is 30.21). Que seus filhos nunca se esqueçam disso.

Quando lhe digo para ouvir a vontade de Deus e obedecer-lhe, não quero que pense que isso significa que seus filhos nunca terão problemas. Muitas pessoas pensam que, se permanecerem na vontade de Deus, tudo será mais fácil. Do mesmo modo, se tudo não estiver indo bem, é porque não estão no centro da vontade de Deus. Nem sempre isso é verdade. Os problemas fazem parte da vida. E em nenhum momento a Bíblia contradiz tal afirmação. Ao contrário, em João 16.33 lemos as seguintes palavras ditas por Jesus: "Neste mundo vocês terão aflições; contudo, tenham ânimo! Eu venci o mundo".

Jesus não disse "vocês nunca mais terão problemas se me seguirem". Não. Ele disse que teremos problemas, mas nem por isso devemos perder o ânimo. Jesus venceu o mundo, e nós os venceremos em Jesus Cristo, nosso Salvador e Senhor. Em Jesus podemos ter paz, portanto viver na vontade de Deus significa sentir paz em meio à dificuldade. Sentimo-nos confiantes quando andamos na vontade de Deus e fazemos o que ele deseja para nós. Quando temos certeza disso, podemos lidar melhor com o que a vida oferece. Por isso, ore para que seus filhos não pensem que seus problemas significam que estão fora da vontade de Deus. Ele usa essas situações para aperfeiçoá-los.

A oração em favor dos filhos, não importam as circunstâncias, é fundamental, porque seguir a vontade de Deus não é fácil. Às vezes, é necessário passar por fortes tempestades, por isso os filhos precisam estar preparados e saber que há um Deus maior que tudo. A vida de Jesus confirma que seguir a vontade de Deus nem sempre é divertido. Nem sempre é agradável, livre de dores e simples. Jesus cumpria a vontade de Deus quando foi para a cruz, e ele o fez com perfeição. Jesus já realizou o sacrifício maior em meu, em seu e em lugar de nossos filhos. Agora ele nos capacita para superar os obstáculos da vida.

A jornada traz, sim, dificuldades e desafios. Isso acontece porque Deus sempre pedirá que façamos coisas que a nossa carne não quer fazer. Ele sempre pedirá para irmos além do que nos faz sentir à vontade. Ele o faz porque deseja saber se estamos decididos a colocar a vontade *dele* acima da nossa vontade. Ele quer que tenhamos a mesma atitude de Jesus e digamos: "Não se faça a minha vontade, e sim a *tua*, Senhor" (grifo da autora). Jesus não apenas nos ensinou a orar pela vontade de Deus; ele de fato fez isso, mesmo quando poderia ser desagradável (cp. Mt 6.9 com Mt 26.39).

Não pense, contudo, que porque oramos por nossos filhos eles seguirão a vontade de Deus automaticamente. O Senhor sempre permitirá que decidam se querem ou não se submeter à vontade dele. Eles terão oportunidade para tomar essa decisão todos os dias. Será que buscarão a vontade de Deus? Será que lhe pedirão sabedoria? Será que farão o que ele diz? Será que desejarão o que Deus deseja? Será que escolherão o caminho certo? Ore para que seus filhos não sejam insensatos, mas que "procurem compreender qual é a vontade do Senhor" (Ef 5.17). A vontade de Deus é o modo como escolhemos viver cada dia de nossa vida.

Ore para que compreendam que a vontade de Deus é para o bem deles

Nosso mundo é imediatista e individualista. As pessoas querem tudo aqui e agora, e segundo a vontade delas. Muitas pensam que a vontade de Deus é um empecilho para que aproveitem a vida da melhor forma possível. Por vezes, nossos filhos recebem a ideia de que ser cristão é ser triste e sem graça. Ore para que esse tipo de mentalidade não se instale no coração deles. Ore para que entendam que os caminhos de Deus são para o bem *deles*. As leis de Deus não têm por objetivo entristecê-los ou impedi-los de aproveitar a vida. Ao contrário, o Senhor pede coisas de nós porque sabe o que é melhor para cada um. Deus deseja que aproveitemos o máximo da vida, mas segundo seus fundamentos, perfeitos e maravilhosos. Não há verdadeiro prazer nem alegria senão no centro da vontade de Deus.

Portanto, ore para que eles não vivam somente para si mesmos, "mas sim para fazer a vontade de Deus" (1Pe 4.2). Que sejam aperfeiçoados "em todo o bem para fazerem a vontade dele", e que Deus opere neles "o que lhe é agradável, mediante Jesus Cristo" (Hb 13.21). Devem se lembrar de que é Deus quem efetua neles "tanto o querer quanto o realizar, de acordo com a boa vontade dele" (Fp 2.13). Deus se agrada quando nós e nossos filhos fazemos a vontade dele. Ore para que, em tudo, "como pessoas maduras e plenamente convictas, continuem firmes em toda a vontade de Deus" (Cl 4.12).

Quando seus filhos estiverem no caminho certo e fazendo o que Deus deseja que façam, se sentirão realizados, em paz e confiantes. Esses sentimentos, por si sós, os levarão a querer fazer o que for preciso para experimentá-los. Quando estiverem vivendo no centro da vontade de Deus, estarão em um lugar de segurança, proteção, bênção e paz. O Espírito Santo, que habita neles, os ajudará a fazer a coisa certa, se eles pedirem.

Ore para que caminhem em direção ao futuro que Deus preparou para eles

Alguém já me perguntou se ter filhos era uma sentença de "preocupação perpétua". Respondi que só tenho a sensação de que estou "cumprindo pena" quando deixo de orar. Quando oro, tenho a sensação de estar cumprindo uma missão da qual Deus me incumbiu, a missão de cobrir meus filhos com orações para que a vontade de Deus seja feita na vida deles. Embora nos seja impossível saber ao certo o que vai acontecer amanhã, pelo menos podemos ter certeza de que Deus nunca muda. Embora não conheçamos os detalhes específicos do que está pela frente, podemos confiar que *Deus* sabe. O futuro de nossos filhos está nas mãos *de Deus*. A única coisa que importa é o que *Deus* diz sobre ele.

O Senhor promete em sua Palavra a mesma coisa para o seu futuro e o de seu filho:

> *"Porque sou eu que conheço os planos que tenho para vocês"*, diz o SENHOR, *"planos de fazê-los prosperar e não de lhes causar dano, planos de dar-lhes esperança e um futuro. Então vocês clamarão a mim, virão orar a mim, e eu os ouvirei. Vocês me procurarão e me acharão quando me procurarem de todo o coração".*
>
> JEREMIAS 29.11-13

Observe a ligação entre a oração e a promessa de uma vida tranquila e um futuro cheio de esperança. Também nesse caso, é a oração que se apropria da promessa. Deus está dizendo que, se o buscarmos de todo o coração, o encontraremos, assim como o maravilhoso futuro que ele nos preparou. Aprendamos a controlar nossos medos e a impedir que tomem conta de nós. Do contrário, as preocupações com o futuro de nossos filhos podem roubar-nos a alegria e fazer adoecer o corpo, a mente e a alma. A ansiedade pode se tornar uma forma de escravidão. Por isso orar é importante. Na presença de Deus, encontramos liberdade e libertação de todo medo acerca do presente ou do futuro.

Esperar no Senhor sobre as questões que envolvem os filhos é crer nas promessas de Deus: "E a esperança não nos decepciona, porque Deus derramou seu amor em nossos corações, por meio do Espírito Santo que ele nos concedeu" (Rm 5.5). O amor de Deus em nós inspira esperança, que, por sua vez, inspira a oração e a fé para crer.

O inimigo, com suas mentiras, procura roubar nossa esperança acerca do futuro; mas podemos calá-lo com a Palavra de Deus e encontrar alegria ao longo do caminho. Não há nada mais eficaz para edificar sua fé e fazê-la sentir-se melhor quanto ao futuro que ler aquilo que Deus diz: "A esperança que se retarda deixa o coração doente, mas o anseio satisfeito é árvore de vida" (Pv 13.12). Se o coração de seus filhos está doente porque o desejo deles para o futuro está demorando a se realizar e as respostas às orações parecem ter se perdido pelo caminho, peça a Deus que os encha de esperança em nome do Senhor, alegria em sua presença e consolo em sua Palavra.

Jeremias, o profeta que enfrentou tantas adversidades, afirma que, quando confiamos em Deus e nele depositamos a esperança, somos como uma árvore plantada junto à água cujas raízes se estendem para o ribeiro, de modo que não temos quando o calor chega e não precisamos ficar ansiosos em tempos de seca (Jr 17.7-8). Se você já passou por uma estiagem, sabe como pode ser assustadora. Quando falta água, percebemos quão preciosa e necessária ela é para a sobrevivência. Quando seus filhos passarem por tempos de seca, Deus derramará água viva sobre eles e fará nascer esperança no coração deles, e no seu também.

Por sua inexperiência, os filhos são muitas vezes vulneráveis. Se não forem bem orientados, poderão perder a esperança diante das incertezas quanto ao futuro. O jovem profeta Jeremias passou por isso. Ele chegou a perder todas as esperanças. A situação era tão terrível que ele nem se lembrava da última vez que havia se sentido esperançoso. E o que fez Jeremias recuperar sua confiança no Senhor foi a lembrança da *misericórdia de Deus*:

> *Todavia, lembro-me também do que pode me dar esperança: Graças ao grande amor do* Senhor *é que não somos consumidos, pois as suas misericórdias são inesgotáveis. Renovam-se cada manhã; grande é a sua fidelidade! Digo a mim mesmo: A minha porção é o* Senhor; *portanto, nele porei a minha esperança. O* Senhor *é bom para com aqueles cuja esperança está nele, para com aqueles que o buscam; é bom esperar tranquilo pela salvação do* Senhor.
>
> Lamentações 3.21-26

Não importa o que aconteceu no passado distante, ou mesmo ontem, a misericórdia de Deus se renovou hoje. Ela se renova cada manhã. Podemos nos arrepender do pecado hoje. Deus pode fazer o impossível hoje. As coisas podem mudar hoje. A esperança pode encher nosso coração hoje. Jeremias falou da necessidade de *esperar no Senhor*. Isso significa ser paciente e esperar Deus responder a suas orações. Esperar no Senhor é ter firme expectativa acerca daquilo que Deus fará. É confiar que sua operação fará a espera valer a pena. E valerá; creia.

Jeremias também lembrou que *Deus sempre demonstrará compaixão*. Não sofremos para sempre porque "o Senhor não o desprezará para sempre. Embora ele traga tristeza, mostrará compaixão, tão grande é o seu amor infalível. Porque não é do seu agrado trazer aflição e tristeza aos filhos dos homens" (Sl 3.31-33). Não é do agrado de Deus que soframos, mas ele permite o sofrimento para nos ensinar seus caminhos. A lembrança de que Deus é misericordioso e compassivo ajuda você a continuar orando, certa de que, em breve, o Senhor demonstrará a misericórdia e a compaixão dele por você e seus filhos.

Quero que saiba que o futuro reservado por Deus para você e seus filhos é mais maravilhoso que qualquer outra coisa que possa imaginar. Deus diz isso em sua Palavra. Ore, agora, para que seus filhos tenham essa mesma confiança e esperança.

Senhor, nem o meu futuro nem o dos meus filhos me pertencem. Por isso, Pai amado, coloco o futuro deles em tuas mãos e peço que me dês plena paz. Torna-os tudo o que os criaste para ser e ajuda-os a fazer algo grande para teu reino e tua glória. Neste momento, lanço toda a minha ansiedade sobre ti, sabendo que cuidas de mim e deles.

Peço que tenham um futuro bom, longo, próspero e seguro, pois ele está em suas mãos. Obrigada porque teus planos para meus filhos são para fazê-los prosperar e lhes dar esperança. Guia-os passo a passo para que nunca deixem o caminho que lhes traçaste. Que tenham sempre em mente a tua vontade e os teus desígnios.

Ajuda-os a correrem da maneira certa, de modo a completar bem a carreira e alcançar o prêmio que lhes reservaste. Peço que cada um de meus filhos seja plantado na casa do Senhor para florescer em seus átrios e dar frutos mesmo na velhice. Ajuda-os a se lembrarem de que és capaz de fazer infinitamente mais do que tudo o que pedimos ou pensamos, de acordo com o teu poder que atua em nós.

Peço que nada os separe do teu amor que está em Cristo Jesus. Obrigada, Espírito Santo, porque estarás sempre com eles para guiá-los e confortá-los em tempos difíceis. Peço, Pai, que o futuro final deles seja no céu, contigo. Peço que tu, o Deus da esperança, lhes concedas alegria e paz, para que eles transbordem de esperança, pelo poder do teu Espírito Santo. Faço esta oração em nome de Jesus.

Anotações

Compartilhe suas impressões de leitura,
mencionando o título da obra, pelo e-mail
opiniao-do-leitor@mundocristao.com.br
ou por nossas redes sociais

Esta obra foi composta com tipografia GoudyOldSt BT
e impressa em papel Snowbright Creme 70 g/m² na gráfica Santa Marta